Мера Веры

«По данной мне благодати, всякому из вас говорю:
не думайте [о себе] более, нежели должно думать;
но думайте скромно, по мере веры,
какую каждому Бог уделил».

(Послание к Римлянам, 12:3)

Мера Веры

Доктор Джей Рок Ли

URIM
BOOKS

Мера Веры : Автор – Доктор Джей Рок Ли

Издано «Urim Books» (Представитель: Сонг Кон Вин)
361-66, Shindaebang-Dong, Dongjak-Gu, Сеул, Корея, 152-848
www.urimbooks.com

Все цитаты из Священного Писания, если это не оговорено, взяты из текста Библии в Синодальном переводе.

Авторские права © 2013д-ра Джей Рока Ли
ISBN: 978-89-7557-814-4
Перевод Авторские права © 2009 д-ра Эстер К.Чанг. Использовано с разрешения.

Первое издание в 2007 г.
Второе издание в 2013 г.

Издано впервые на английском языке в феврале 2005 года.
Издана на корейском языке издательством «Urim Books, Урим Букс», Сеул, Корея в 2002 году.

Редактор: д-р Джеум Сан Вин
Дизайн Редакционного бюро «Урим Букс», тираж отпечатан издательской компанией «Уон Принтинг Компани», Сеул, Корея.
За дополнительной информацией обращайтесь по электронной почте: urimbook@hotmail.com

Предисловие

Я желаю всем читателям обрести полноту духовной веры и, обретя вечную небесную славу, радоваться в Новом Иерусалиме, у Престола Бога!

Как и недавно изданная книга *«Слово о Кресте»*, книга *«Мера Веры»* является важным руководством в христианской жизни. Всю благодарность и славу я воздаю Богу Отцу, благословившему издание этой книги и дающему людям понимание духовной сферы. Сегодня многие утверждают, что верят, но при этом не уверены в своем спасении. Они не знают о мере веры и о том, какой должна быть вера, которая ведет к спасению. Люди говорят: «У этого человека большая вера», или: «А у того маленькая вера». Не просто понять, сколько веры нужно для того, чтобы угодить Богу, или как измерить свою веру и определить ее рост. Бог хочет, чтобы у нас была не плотская, а духовная вера, проявляемая в делах. У людей, которые только слышат, изучают, запоминают и хранят Божье Слово как знание, – вера плотская. Мы не можем самостоятельно обрести духовную веру, ее дает нам только Бог. Именно поэтому Послание к Римлянам, 12:3, наставляет нас: *«По данной мне благодати, всякому из вас говорю: не думайте [о себе] более, нежели должно думать; но думайте скромно, по мере веры, какую каждому Бог уделил»*. В этом стихе объясняется, что Бог дал каждому духовную веру, а Его ответы и благословения изменяются по мере веры каждого из нас. В Первом послании апостола Иоанна, 2:12 и последующих стихах, показан рост веры человека: вера младенцев, отроков, юношей и отцов. В Первом послании к Коринфянам, 15:41, говорится: *«Иная слава солнца, иная слава луны, иная звезд; и звезда от звезды разнится в славе»*. Этот стих напоминает нам, что небесная обитель и слава у всех разные, и это зависит от меры веры каждого. Важно получить спасение и взойти на Небеса, но еще важнее знать, какая обитель, какой венец и какая награда нас ожидают. Бог Любви хочет, чтобы его дети возрастали в вере, Он ждет их входа в Новый Иерусалим, где находится Его Престол, и желает провести с ними вечность. В соответствии с Божьим Словом, книга *«Мера Веры»* рассказывает о пяти уровнях веры и Небесном Царстве и помогает читателю измерить уровень его веры. Меру веры и обители Небесного Царства можно разделить на более чем пять уровней, но чтобы нашим читателям было понятнее, мы предлагаем именно деление на пять уровней. Я надеюсь, что вы будете стремиться к Небесам, сравнивая меру своей веры с той, что имели отцы веры, о которых говорится в Библии.

Много лет я молился о том, чтобы Бог открыл мне некоторые трудные для понимания стихи Библии. И однажды Бог начал объяснять мне, что Царство Небесное разделено на уровни, а небесные обители, которые даны каждому из Его детей, отличаются согласно мере веры человека. Я проповедовал о небесных обителях и мере веры и позже подготовил издание этой книги. Я благодарю Джеум Сан Вин, директора издательства, и его преданных своему делу сотрудников. Я также благодарен сотрудникам отдела перевода.

Пусть все читатели этой книги достигнут полной *«Мера Веры»*, веры полноты духа и радуются в вечной славе в Новом Иерусалиме, где стоит Престол Божий. Молюсь об этом во имя Господа нашего Иисуса Христа!

Джей Рок Ли

Введение

Надеюсь, что эта книга окажется важным руководством в измерении веры каждого человека и приведет многих к той мере веры, которая угодна Богу.

В книге *«Мера Веры»* рассматриваются пять уровней веры: от духовных детей, только что принявших Иисуса Христа и получивших Святой Дух, до меры веры отцов, которые познали Бога от начала Сущего. С помощью этой книги любой человек сможет оценить меру своей веры.

В главе 1-й, «Что такое вера?», дается определение веры и разъясняется, какая вера угодна Богу. Показывается, какие ответы и благословения следуют за верой, принимаемой Богом. Библия различает плотскую веру, или «веру-знание», и духовную веру. В этой главе говорится о том, как обрести духовную веру и благословенно жить во Христе.

Основываясь преимущественно на Первом послании апостола Иоанна, 2:12–14, вторая глава этой книги, «Рост духовной веры», описывает процесс возрастания духовной веры, сравнивая этот процесс с человеческим развитием – от возраста младенца, отрока, юноши до возраста отца. То есть, после того как человек принимает Иисуса Христа, его вера изменяется от веры ребенка к вере взрослого.

В главе 3-й, «Мера веры каждого человека», приводится притча, в которой вера сравнивается с соломой, сеном, деревом, драгоценными камнями, серебром и золотом, и показывается, что от них остается после того, как они были брошены в огонь. Бог желает, чтобы наша вера стала подобной золоту, которое не сгорает, несмотря ни на какие огненные испытания.

В главе 4-й, «Вера, необходимая для спасения», поясняется, что такое «наименьшая вера», или первый из пяти уровней, самая низкая мера веры. С такой верой человек может получить спасение. Такую меру веры также называют младенческой верой, или «верой сена». В этой главе приводятся примеры, помогающие быстрее стать более зрелыми в вере.

Глава 5-я, «Вера, на уровне попыток жить по Слову», рассказывает, что, когда мы пытаемся повиноваться Слову Божьему и не можем этого сделать, мы поднимаемся до второго уровня веры. В этот период нам труднее всего держаться своей веры в Господа. Эта глава также учит нас, как продвинуть свою веру к третьему уровню.

Глава 6-я, «Вера, которая живет Словом», рассматривает процесс становления в вере, когда, начавшись на первом уровне, вера становится более зрелой на втором, переходит на раннюю стадию третьего уровня и возрастает до «камня веры». На этом этапе человек достигает более 60-ти процентов третьего уровня веры. Эта глава также уточняет различия между ранней стадией третьего уровня и «камнем веры». Здесь объясняется, почему мы не должны чувствовать бремени, когда мы твердо стоим на «камне веры». Поясняется, почему важно бороться против грехов, вплоть до пролития своей крови.

Глава 7-я, «Вера, которая превыше всего любит Бога», объясняет, что люди на третьем и четвертом уровне отличаются тем, что по-разному любят Господа. В этой главе рассматриваются благословения, которые сходят на тех, кто любит Господа превыше всего.

Глава 8-я, «Вера, угодная Богу», раскрывает пятый уровень веры. В этой главе говорится о том, что для достижения пятого уровня веры нам следует не только полностью освятиться подобно Еноху, Илии, Аврааму или Моисею, но также быть верными всему дому Божьему, исполняя данные Богом обязанности. Мы должны быть совершенны, должны быть готовы жизнь положить для Господа, должны иметь веру Христа, полноту духовной веры. Наконец, эта глава показывает, какие благословения мы можем ожидать, когда угождаем Богу на пятом уровне веры.

В главе 9-й, «Знамения, сопровождающие тех, кто верит», говорится, что, когда мы достигаем совершенной веры, ее начинают сопровождать удивительные знамения. Более того, основываясь на обещании Иисуса в Евангелии от Марка, 16:17-18, в этой главе внимательно, одно за другим, исследуются эти знамения. Чтобы укрепить веру людей, которые живут в мире, наполненном грехом и злом, автор подчеркивает, что проповедник должен предлагать церкви сильную проповедь, сопровождаемую чудесными знамениями, которые свидетельствуют о Живом Боге,

Наконец, глава 10-я, «Небесные обители и венцы», объясняет, что в Царстве Небесном есть много обителей, поэтому любой может верой войти в лучшую из них. Слава и награды Небесных царств – все разные. И, в частности, чтобы помочь читателям направиться к лучшей обители с надеждой и верой на Небеса, в конце этой главы изображаются красота и великолепие Нового Иерусалима, в котором находится Божий Престол. Если мы поймем, что небесные обители и награды различаются в зависимости от меры веры каждого человека, наше отношение к жизни во Христе полностью изменится.

Я надеюсь, что каждый читатель книги *Мера Веры* обретет веру, угодную Богу, получит то, о чем просит, и всем своим сердцем прославит Бога.

Джеум Сан Вин,
директор издательства

Содержание

Что такое вера?

«Вера же есть осуществление ожидаемого

и уверенность в невидимом.

В ней свидетельствованы древние.

Верою познаем,

что веки устроены словом Божиим,

так что из невидимого произошло видимое».

(Послание к Евреям, 11:1–3)

Сколько раз мы читали в Библии о том, как благодаря силе Божьей осуществилось то, на что человек перестал надеяться, или то, что казалось невозможным. Моисей провел народ Израиля через Красное море, разделив его воды, чтобы люди смогли пройти по суше. Иисус Навин разрушил город Иерихон, тринадцать раз обойдя вокруг него. По молитве Илии небеса пролили дождь после более чем трехлетней засухи. Петр исцелил хромого от рождения человека, который встал и пошел. Апостол Павел вернул к жизни юношу, который упал с третьего этажа и умер. Иисус ходил по воде, усмирял бурные волны и ветер, слепым возвращал зрение и воскресил человека, который в течение четырех дней находился в могиле. Сила веры неизмерима, и для нее все возможно. Подобно тому, как Иисус говорит нам в Евангелии от Марка, 9:23: *«Если сколько-нибудь можешь веровать, все возможно верующему»*, вы можете получить все, о чем просите, если у вас есть вера, угодная Богу.

Какую же веру принимает Бог и как ее обрести?

1. Определение веры, угодной Богу

Сегодня многие утверждают, что верят во Всемогущего Бога, но не получают Его ответов на молитвы. Это потому, что в действительности у них нет истинной веры. В Послании к Евреям, 11:6, написано: *«А без веры угодить Богу невозможно; ибо надобно, чтобы приходящий к Богу веровал, что Он есть, и ищущим Его воздает».* Бог ясно говорит нам, что мы можем угодить Ему только истинной верой.

Все возможно тому, кто имеет истинную веру, потому что вера — это основа успешной христианской жизни и ключ к получению Божьих ответов и благословений. Но существует немало людей, лишенных возможности наслаждаться Его благословениями и обрести спасение, так как они не знают Бога и не имеют истинной веры.

«Вера же есть осуществление ожидаемого и уверенность в невидимом»

Что же является верой, угодной Богу? В словаре Вебстера «вера» определяется как «безусловное верование, которое не требует доказательств или свидетельств», или «безусловное верование в Бога, религиозные догматы и т.д.». Вера — по-гречески «пистис» — означает «быть устойчивым или верным». В Послании к Евреям, 11:1, вера определяется следующими словами: *«Вера же есть осуществление ожидаемого и уверенность в невидимом».* Слова «осуществление ожидаемого» относятся к тому, чего мы ожидаем в реальности, потому что мы в этом уверены настолько, будто бы это уже осуществилось. Например, чего больше всего желает больной человек, страдающий от сильной боли?

Естественно, что он желает исцелиться от своей болезни, восстановить здоровье. Для этого у него должна быть вера, достаточная, чтобы не сомневаться в своем выздоровлении. Другими словами, если он имеет истинную веру, то восстановление здоровья становится для него реальностью. «Уверенность в невидимом» – это уверенность в вещах, которые мы принимаем на веру, хотя обычному глазу они не видимы. Вера позволяет нам быть убежденными в том, что Бог создал все из ничего. У праотцов веры «осуществление ожидаемого» воплощалось в реальность, а «уверенность в невидимом» материализовывалась в предметах и событиях по вере. Так они узнавали силу Бога, который может создать все из ничего. Те, кто могут, подобно нашим библейским праотцам, верить в то, что Бог сотворил все из ничего, убеждены, что Господь по Своему Слову сотворил все – Небеса и землю. Действительно, никто лично не видел сотворения неба и земли, потому что это произошло прежде появления человека. Однако имеющие веру не сомневаются, что Бог создал все из ничего. Они верят в это. В Послании к Евреям, 11:3, говорится: *«Верою познаем, что веки устроены словом Божиим, так что из невидимого произошло видимое».* Когда Бог сказал: *«...Да будет свет»* (Бытие, 1:3), появился свет; *«...Да произрастит земля зелень, траву, сеющую семя, дерево плодовитое, приносящее по роду своему плод, в котором семя его на земле»* (Бытие, 1:11) — как Бог повелел, так и произошло. Все во Вселенной, что доступно невооруженному глазу, не было сотворено из видимых материалов. Тем не менее, многие думают, будто все создано из вещей осязаемых, и не верят, что Бог сотворил все из пустоты. Они никогда не видели и не слышали, что из ничего можно было бы что-то сделать.

Свидетельством веры являются дела послушания

Чтобы надеяться на то, что невозможное станет реальностью, нужно, чтобы Бог принял подтверждение вашей веры. Иными словами, вы должны доказать свое послушание Божьему Слову. В Послании к Евреям, 11:4–7, говорится об отцах веры, которые были названы праведными, потому что они доказали свою веру: Авель был признан праведником после того, как он сделал жертвоприношение, и Бог принял его; Енох был принят Богом, потому что полностью посвятил себя Ему; а Ной – преемник праведников, с верой построил ковчег спасения.

Давайте рассмотрим историю Каина и Авеля в Бытии, 4:1–15, чтобы понять, какова истинная вера, угодная Богу. Каин и Авель были сыновьями, которые родились у Адама и Евы после того, как их изгнали из Эдемского сада за непослушание данной Божьей заповеди: «...*От дерева познания добра и зла, не ешь от него*» (Бытие, 2:17).

Адам и Ева раскаялись в своей непокорности, потому что им пришлось испытать на земле, проклятой Богом, и труд «в поте лица», и муки рождения детей. Адам и Ева прилежно обучали своих детей послушанию. Они конечно же должны были научить Каина и Авеля жить в соответствии с Божьим Словом и должны были объяснить им, что нельзя нарушать Его повелений. Кроме того, родители должны были сказать своим детям, что для получения прощения грехов должна быть пролита кровь. Так что, Каин и Авель знали, что для прощения грехов им нужно было принести Богу в жертву животное.

Через некоторое время Каин предал Бога так же, как это сделала его мать, Ева, ослушавшаяся Божьего повеления. Он был земледельцем и принес в дар Богу от плодов земли, считая, что и такая жертва подойдет. Авель был пастухом и принес в дар тучные части первенца из своего стада, сделав все так, как ему заповедал Бог через его родителей. Бог принял жертву Авеля, но не Каина, который нарушил Его заповедь. В результате Бог признал Авеля праведником (Посл. к Евреям, 11:4). История Каина и Авеля учит, что доверие и одобрение Бога зависит от степени вашей веры и и повиновения Его Слову. Доказательством этого являются жизни Моисея и Еноха. Послушание является доказательством веры. Вы должны помнить, что Бог одобряет и дает уверенность, если вы проявляете послушание Его Слову и делами доказываете свою веру и если вы покоряетесь Ему во всех обстоятельствах.

Вера приносит ответы и благословения

Итак, вы должны следовать Божьему Слову для того, чтобы по вашей вере исполнилось то, на что вы надеетесь. Если вы не следуете Божьим путем, или, как Каин, сбились с пути, то ваша дорога будет тяжелой, она будет вам в тягость, и, по Закону духовного мира, вы не сможете получить ответы на молитвы и благословения Бога.

В Послании к Евреям, 11:8–19, подробно рассказывается об Аврааме, поступки которого подтверждают его послушание Божьему Слову и свидетельствуют о его вере. Подчиняясь повелению Бога, Авраам покинул свою родную землю, полностью доверившись Ему. Даже когда Бог сказал Аврааму принести в жертву своего единственного любимого сына Исаака, которого Бог подарил ему в возрасте ста лет, Авраам немедленно повиновался, так как думал, что Бог способен воскресить его сына. Он получал благословения и ответы от Бога, потому что его вера была подтверждена делами послушания:

> *«И вторично воззвал к Аврааму Ангел Господень с неба и сказал: Мною клянусь, говорит Господь, что, так как ты сделал сие дело, и не пожалел сына твоего, единственного твоего, то Я благословляя благословлю тебя и умножая умножу семя твое, как звезды небесные и как песок на берегу моря; и овладеет семя твое городами врагов своих; и благословятся в семени твоем все народы земли за то, что ты послушался гласа Моего»* (Бытие, 22:15–18).

Кроме того, в Бытии, 24:1, говорится: *«Авраам был уже стар и в летах преклонных. Господь благословил Авраама всем»*. В Послании Иакова, 2:23, нам также напоминается: *«И исполнилось слово Писания: „веровал Авраам Богу, и [это] вменилось ему в праведность, и он наречен другом Божиим"»*. Авраам получил обильные благословения, потому что он верил Богу, Который управляет всем: жизнью и смертью, благословениями и проклятиями. Все подчинено Ему. Вы тоже сможете радоваться Божьим благословениям и получать ответы на молитвы, если поймете истинное значение веры и докажете ее, как Авраам, своим послушанием.

2. Сила веры не знает ограничений

Вера дает возможность общаться с Богом, поэтому ее можно сравнить с первыми вратами в духовное царство, в четырехмерный мир. Только пройдя сквозь них, вы получите духовный слух, чтобы слышать Божье Слово, и духовное зрение, чтобы видеть Его царство.

Благодаря этому вы будете жить по Слову Божьему, получать то, о чем с верой просите, и радостно ожидать Небесного Царства. Когда в вашем сердце будут радость и благодарность, а жизнь будет наполнена надеждами на Небеса, вы полюбите Бога превыше всего и будете делать то, что угодно Ему.

Тогда мир не будет более достойным вас и вашей веры. Вы будете свидетельствовать о Господе с силой, данной Святым Духом, и всей своей жизнью, вплоть до последнего дня, будете проявлять верность и любовь к Богу, как это делал апостол Павел.

Мир не достоин принять Божью веру

В Послании к Евреям, 11:33–38, так показана вера отцов: «*...Которые верою побеждали царства, творили правду, получали обетования, заграждали уста львов, угашали силу огня, избегали острия меча, укреплялись от немощи, были крепки на войне, прогоняли полки чужих; жены получали умерших своих воскресшими; иные же замучены были, не приняв освобождения, дабы получить лучшее воскресение; другие испытали поругания и побои, а также узы и темницу, были побиваемы камнями, перепиливаемы, подвергаемы пытке, умирали от меча, скитались в милотях и козьих кожах, терпя недостатки, скорби, озлобления; те, которых весь мир не был достоин, скитались по пустыням и горам, по пещерам и ущельям земли*».

Люди, веры которых не достоин мир, оставляют не только земные почести и богатство, но и отдают свою жизнь. Как сказано в Первом послании апостола Иоанна, 4:18: «*В любви нет страха, но совершенная любовь изгоняет страх, потому что в страхе есть мучение. Боящийся несовершен в любви*». Страх будет вытесняться растущей любовью.

То, что невозможно для человека, с Богом становится возможным. Пророк Илия свидетельствовал о Живом Боге, вызывая огонь с неба. Елисей спас свою страну, узнав по вдохновению от Святого Духа расположение вражеского лагеря. Даниил выжил во рву с голодными львами.

В Новом Завете говорится о людях, пожертвовавших своей жизнью во имя Евангелия Господа. Иаков, один из двенадцати учеников Иисуса, нашего Господа, стал первым мучеником, которого убили мечом. Петр, первый ученик Иисуса Христа, был распят вниз головой. Апостол Павел так горячо любил Господа, что даже в тюрьме радовался и благодарил Бога, несмотря на то, что его избивали, и он неоднократно был близок к смерти. Его тоже казнили, и он стал великомучеником, пострадавшим за Господа.

Кроме этого, тысячи христиан были растерзаны львами в римском Колизее. Многие, спасаясь от жестокого преследования со стороны Римской империи, до самой смерти жили в катакомбах, не видя солнечного света. Апостол Павел при всех обстоятельствах крепко хранил свою веру и верой преодолел мир. Он мог сказать: *«Кто отлучит нас от любви Божией: скорбь, или теснота, или гонение, или голод, или нагота, или опасность, или меч?»* (Посл. к Римлянам, 8:35).

Вера дает ответы на любые вопросы

В Евангелии от Марка, в главе 2-ой, описывается случай, когда, видя веру парализованного человека и его друзей, Иисус сказал: *«Чадо! прощаются тебе грехи твои»*. После этих слов больной человек немедленно исцелился. Услышав о том, что Иисус находится в Капернауме, многие пришли к Нему. В комнате, где находился Иисус, не осталось места даже за дверью. Парализованный, которого несли его четыре друга, из-за огромного количества народа не мог приблизиться к Иисусу, поэтому его друзья сделали отверстие в крыше и опустили через нее постель, на которой лежал больной. Иисус расценил их действие как свидетельство веры и простил парализованному его грехи, сказав: *«Чадо! прощаются тебе грехи твои»* (ст. 5).

Однако некоторые находившиеся там учителя закона отнеслись к произошедшему скептически и подумали про себя: *«Что Он так богохульствует? кто может прощать грехи, кроме одного Бога?»* (ст. 7). Обратившись к ним, Иисус сказал: *«...Для чего так помышляете в сердцах ваших? Что легче? сказать ли расслабленному: «прощаются тебе грехи?» или сказать: «встань, возьми свою постель и ходи?» Но чтобы вы знали, что Сын Человеческий имеет власть на земле прощать грехи»* (ст. 8–9). Иисус повелел парализованному человеку: *«Тебе говорю: встань, возьми постель твою и иди в дом твой. Он тотчас встал и, взяв постель, вышел перед всеми, так что все изумлялись и прославляли Бога, говоря: никогда ничего такого мы не видали»* (ст. 11–12).

Эта история говорит о том, что все проблемы в нашей жизни могут быть решены, когда мы верой получаем прощение своих грехов. Это возможно, потому что около двух тысяч лет назад Иисус, наш Спаситель, открыл путь к Спасению, освободив нас от таких жизненных проблем, как грех, смерть, бедность, болезни. (Подробнее об этом написано в книге *«Слово о Кресте»*).

Вы можете получить то, что просите, если прощен ваш грех непослушания Слову Божьему. Бог обещает в Первом послании Иоанна, 3:21-22: *«Возлюбленные! если сердце наше не осуждает нас, то мы имеем дерзновение к Богу, и, чего ни попросим, получим от Него, потому что* соблюдаем заповеди Его и делаем благоугодное пред Ним». На основании сказанного, люди, не имеющие грехов против Бога, могут смело просить Его и получать то, о чем они просят.

В Евангелии от Матфея, в главе 6-й, Иисус подчеркнул, что не следует беспокоиться об одежде, пище и о том, где жить. Вместо этого верующие должны искать праведность Бога и Его Царство:

«Посему говорю вам: не заботьтесь для души вашей, что вам есть и что пить, ни для тела вашего, во что одеться. Душа не больше ли пищи, и тело – одежды? Взгляните на птиц небесных: они ни сеют, ни жнут, ни собирают в житницы; и Отец ваш Небесный питает их. Вы не гораздо ли лучше их? Да и кто из вас, заботясь, может прибавить себе росту [хотя] на один локоть? И об одежде что заботитесь? Посмотрите на полевые лилии, как они растут: ни трудятся, ни прядут; но говорю вам, что и Соломон во всей славе своей не одевался так, как всякая из них; если же траву полевую, которая сегодня есть, а завтра будет брошена в печь, Бог так одевает, кольми паче вас, маловеры! Итак, не заботьтесь и не говорите: «что нам есть?» или «что пить?» или «во что одеться?» потому что всего этого ищут язычники, и потому что Отец ваш Небесный знает, что вы имеете нужду во всем этом. Ищите же прежде Царства Божия и правды Его, и это все

приложится вам» (ст. 25–33).

Если вы истинно верите Божьему Слову, то сначала будете искать Его Царства и Его праведности. Подобно заверенным банковским чекам, обетования Бога заслуживают доверия. Он дает все, в чем вы нуждаетесь, как обещал, поэтому вы будет иметь не только спасение и вечную жизнь, но и процветание в этой жизни.

Вера управляет даже природными явлениями

Из Евангелия от Матфея (8:23–26) мы узнаем о силе веры, которая защищает от любой опасности, вызываемой погодными и климатическими явлениями, и даже позволяет ими управлять. Благодаря вере все становится возможным. Когда Иисус с учениками был в лодке, разыгрался шторм, и волны поднялись выше борта. Ученики разбудили Иисуса со словами: *«Господи! спаси нас, погибаем»* (ст. 25). *«И говорит им: что вы [так] боязливы, маловерные? Потом, встав, запретил ветрам и морю, и сделалась великая тишина»* (ст. 26). Эта история говорит о том, что не нужно бояться разъяренного шторма или волн, поскольку мы в состоянии даже управлять природными явлениями, если имеем веру. Если мы хотим иметь силу, способную управлять природными явлениями, то мы, как Иисус, должны иметь полную веру. Тогда все станет возможным. Именно поэтому в Послании к Евреям, 10:22, есть напоминание: *«Да приступаем с искренним сердцем, с полною верою, кроплением очистив сердца от порочной совести и омыв тело водою чистою».* В Библии говорится, что, если у нас есть полная уверенность, то мы можем получить ответы на свои просьбы и творить даже большие чудеса, чем те, что совершил Иисус.

«Истинно, истинно говорю вам: верующий в Меня, дела, которые творю Я, и он сотворит, и больше сих сотворит, потому что Я к Отцу Моему иду. И если чего попросите у Отца во имя Мое, то сделаю, да прославится Отец в Сыне» (От Иоанна, 14:12-13). Вы должны понять, что сила веры может достигнуть такого уровня, какого хочет от нас Бог и которая угодна Ему. Именно тогда вы не только получите ответы на молитвы, но и сделаете больше того, что совершил Иисус.

3. Плотская и духовная вера

Когда Иисус сказал сотнику, который с верой пришел к Нему: *«Иди, и, как ты веровал, да будет тебе»* (От Матфея, 8:13), слуга воина немедленно исцелился. Подобным образом истинная вера естественно сопровождается ответом от Бога. Тогда почему же так много людей, не получающих ответы на молитвы, несмотря на то, что они говорят о своей твердой вере в Господа? Это вызвано тем, что существуют духовная вера, которая дает общение с Богом и позволяет получать Его ответы, и плотская вера, по которой вы не можете получать ответы, потому что она не имеет никакого к Нему отношения. Давайте исследуем различия между двумя видами веры.

Плотская вера — «вера-знание»

Плотская вера — это когда человек верит только в то, что он видит, это вера в то, что соответствует знанию этого человека или здравому смыслу. Подобную веру часто называют верой-знанием или верой в здравый смысл. Например, если вы не только видели, но и слышали, как делают деревянный стол, вы, несомненно, поверите, когда вам скажут, что стол сделан из дерева.

Любой имеет такую веру, основанную на знании, что предмет должен быть сделан из какого-нибудь материала. Люди полагают, что видимые предметы должны быть из чего-то произведены. С момента рождения люди вносят в свою память информацию и там ее хранят. Они запоминают то, что видят, слышат и узнают от своих родителей, братьев или сестер, соседей или учителей в школе, и, когда нужно, применяют эти познания. Многое из того, что мы знаем, противоречит Божьему Слову. Его Слово — истина, которая никогда не изменяется, а большая часть знаний — это неправда, изменяющаяся со временем. Однако люди принимают неправду за истину, потому что они не знают, что такое истина. Например, они считают верной теорию эволюции, так как этому их научили в школе. Вследствие этого они не верят, будто что-то можно создать из ничего.

Плотская вера — мертвая вера, «вера без дел»

Люди, имеющие плотскую веру, не могут воспринять то, что Бог создал что-то из ничего. Даже если они ходят в

церковь и слушают Божье Слово, все же знания, полученные
ими с детства, противоречат Божьим заповедям. Эти люди
не верят в чудеса, записанные в Библии. Они верят в Божье
Слово, лишь когда исполнены Святого Духа и благодати, но
начинают сомневаться, когда теряют благодать. Они даже
начинают думать, что ответы, полученные ими от Бога, —
случайность. У людей с плотской верой в сердце происходит
конфликт.

Они не исповедуют веру сердцем, хотя устами и
утверждают, будто верят. У подобных людей нет ни общения
с Богом, ни Его любви, потому что они не живут Его
Словом. Считается, что отомстить своим врагам —
правильно, но Библия учит нас любить своих врагов и
подставлять левую щеку, когда нас бьют по правой.
Плотский же человек должен нанести ответный удар, чтобы
почувствовать себя удовлетворенным. Поскольку всю свою
жизнь он прожил именно так, ему намного легче ненавидеть,
завидовать или ревновать. Кроме того, жизнь по Божьему
Слову обременительна для него, он не может жить в
благодарности и радости, потому что это не соответствует
его понятиям.

В Послании апостола Иакова, 2:26, мы читаем: *«Ибо, как
тело без духа мертво, так и вера без дел мертва»*.
Плотская вера — мертвая вера, она не производит дел.
Люди с плотской верой не могут обрести ни Божьих
ответов, ни спасения. Об этом Иисус Христос говорит нам:
«Не всякий, говорящий Мне: *« "Господи! Господи!",*
войдет в Царство Небесное, но исполняющий волю Отца
Моего Небесного» (От Матфея, 7:21).

Бог принимает духовную веру

Вера будет духовной тогда, когда вы поверите в то, что невидимо обычному глазу или не согласуется с вашими знаниями или понятиями. Это включает веру в то, что Бог создал все из ничего. Люди с духовной верой не сомневаются в том, что Бог Словом Своим сотворил Небеса, землю и создал человека из земного праха. Духовную веру невозможно обрести по собственному желанию: ее дает только Бог. Люди, которые обладают ею, без всяких сомнений верят описанным в Библии чудесам, поэтому им жить по Слову Божьему нетрудно. Они получают ответы на все, о чем просят. Бог принимает духовную веру, сопровождаемую делами. Такой верой человек спасается, обретает Небеса и получает ответы на свои молитвы.

Духовная вера — живая вера, «вера из дел»

Когда вы обладаете духовной верой, Бог принимает вас, отвечает на молитвы и благословляет. Предположим, два земледельца работают на земле своего хозяина. При одинаковых условиях один собирает пять мешков риса, а другой три мешка. Кем из этих двух работников хозяин будет доволен? Естественно, тем, чей урожай составляет пять мешков риса. С одной и той же земли два земледельца собирают разный урожай, потому что прилагают разные усилия. Тот, кто собрал пять мешков риса, видимо, работал в поте лица, старательно пропалывал и поливал грядки. Тогда как другой работник собрал урожай из трех мешков риса, потому что был ленив и пренебрегал своей работой. Бог судит каждого человека по его делам. Только тогда, когда вы делами подтверждаете свою веру, она считается духовной и Бог благословляет вас.

Ночью Иисуса взяли под стражу, и один из его учеников, Петр, сказал Ему: *«Если и все соблазнятся о Тебе, я никогда не соблазнюсь»* (От Матфея, 26:33). Однако Иисус ответил: *«Истинно говорю тебе, что в эту ночь, прежде нежели пропоет петух, трижды отречешься от Меня»* (ст. 34). Петр говорил от всего сердца, но Иисус знал, что, когда возникнет угроза для жизни, Петр откажется от Него.

Петр тогда еще не исполнился Святым Духом. И когда, после заключения Иисуса под стражу, возникла угроза для жизни, Петр трижды отрекся от Него. Однако Петр полностью изменился после того, как обрел Святой Дух. Его вера, которая сначала была просто знанием, преобразовалась в духовную веру. Он стал апостолом, смело проповедовавшим Евангелие. Он шел праведным путем, который завершился его распятием головой вниз. В любой ситуации человек способен верить и повиноваться Богу, если обладает духовной верой.

Чтобы достичь этого, нужно стремиться к послушанию Слову Божьему и иметь верное сердце. Живая духовная вера, сопровождаемая делами, даст вам спасение и вечную жизнь, сделает вас совершенным человеком истины, и вы будет наслаждаться замечательными благословениями души и тела. Мертвая, плотская вера без дел не даст ни спасения, ни ответов от Бога, независимо от того, насколько вы стараетесь и как долго посещаете церковь.

4. Обладать духовной верой

Как вы можете преобразовать свою плотскую веру в духовную, чтобы осуществилось ожидаемое, а невидимое стало видимым? Что следует сделать, чтобы ваша вера стала такой?

Отвергнуть плотское мышление и теории

Большая часть знаний, которые вы получили от рождения, препятствует достижению духовной веры, потому что противоречат Божьему Слову. Например, теория эволюции отрицает сотворение Вселенной Богом. В результате, ее сторонники не верят в то, что Бог создал что-то из ничего. Где уж им поверить в то, что: *«В начале сотворил Бог небо и землю»* (Бытие, 1:1).

Чтобы иметь духовную веру, вы должны отказаться от мыслей, которые противоречат Божьему Слову, отказаться от человеческих теорий (например, теории эволюции), препятствующих восприятию Библии как Слова Божьего. Если вы не избавитесь от своих мыслей и теорий, которые противоречат Его Слову, у вас не будет веры в Слово Божье, как бы вы ни старались уверовать в Него.

Независимо от того, как прилежно вы посещаете церковь и богослужения, вы не обретете духовную веру. Именно поэтому многие люди далеки от пути спасения и не получают Божьи ответы на свои молитвы, несмотря на то, что они регулярно ходят в церковь.

Апостол Павел, до того как по дороге в Дамаск встретил

Господа Иисуса, имел плотскую веру. Он не признавал Иисуса Христа Спасителем. Он преследовал и сажал в тюрьмы христиан. Чтобы преобразовать плотскую веру в духовную, необходимо отказаться от всех мыслей и теорий, которые перечат Божьему Слову.

Через апостола Павла Бог напоминает нам следующее: *«Оружия воинствования нашего не плотские, но сильные Богом на разрушение твердынь: [ими] ниспровергаем замыслы и всякое превозношение, восстающее против познания Божия, и пленяем всякое помышление в послушание Христу, и готовы наказать всякое непослушание, когда ваше послушание исполнится»* (2-е посл. к Коринфянам, 10:4–6).

Павел смог стать великим проповедником Евангелия только после того, как обрел духовную веру, отбросив все мысли, теории и доводы, направленные против Бога. Он стал апостолом для язычников и основателем всемирного миссионерского движения. Павел сделал смелое признание: *«Но что для меня было преимуществом, то ради Христа я почел тщетою. Да и все почитаю тщетою ради превосходства познания Христа Иисуса, Господа моего: для Него я от всего отказался, и все почитаю за сор, чтобы приобрести Христа и найтись в Нем не со своею праведностью, которая от закона, но с тою, которая через веру во Христа, с праведностью от Бога по вере»* (Посл. к Филиппийцам, 3:7–9).

Активное изучение Божьего Слова

В Послании к Римлянам, 10:17, говорится: *«Итак, вера – от слышания, а слышание – от слова Божия»*. Вы должны слушать и изучать его: если вы не знаете Божьего Слова, вам не удастся жить по Слову. Если вы не поступаете по Божьему Слову, если оно для вас только знание, Он не может дать вам духовную веру, потому что вы лишь гордитесь своими познаниями.

Предположим, что девочка надеется стать известной пианисткой. Независимо от того, как долго она училась по учебникам и осваивала теорию музыки, без практики она не сможет стать великой пианисткой. То же самое происходит, когда вы не повинуетесь Слову Божьему. Неважно, сколько вы читаете, как часто слышите и как долго изучаете Библию. Духовная вера появляется, когда вы действуете в соответствии с Божьим Словом.

Повиновение Божьему Слову

Необходимо верить в Живого Бога и при любых обстоятельствах следовать Его Слову. Если вы, слушая Слово Божье, не будете подвергать Его сомнениям, вы начнете следовать Ему. Тогда в вашем сердце появится уверенность, так как Божье Слово начнет претворяться в реальность.

После этого вы все больше и больше будете стремиться жить в соответствии с Божьим Словом. Повторяя этот процесс, вы сможете обрести веру, которая позволит вам полностью повиноваться Слову. На вас сойдут Его благодать и сила. Святой Дух наполнит вас, и все в жизни будет хорошо. Во время Исхода среди народа Израиля было не менее шестисот тысяч мужчин – от двадцати лет и старше. Но только двое из них, Иисус Навин и Халев, смогли войти в землю обетованную. Кроме них никто по-настоящему не верил в Божье обещание и не слушался Бога.

В Числах, 14:11, Бог говорит Моисею: *«Доколе будет раздражать Меня народ сей и доколе будет он не верить Мне при всех знамениях, которые делал Я среди его?».* Они прекрасно знали о Боге, потому что они были свидетелями Его силы, которая принесла Десять казней египетских и разделила Красное море. Они думали, что верят Ему. Эти люди испытали Божье водительство и видели Его присутствие в виде огненного столпа ночью и облака – днем. Они ели манну, которая каждый день падала с неба.

Тем не менее, когда Бог повелел им войти в землю Ханаана, они не повиновались Ему, потому что боялись хананеян. Вместо этого они начали жаловаться и возмущаться против Моисея и Аарона. Это произошло потому, что у людей не было духовной веры, необходимой для повиновения Богу, хотя они и имели плотскую веру, так как много раз видели чудеса Божьей силы.

Чтобы обладать духовной верой, вы должны всегда верить Богу и следовать Его Слову. Если вы истинно любите Его, то будете Ему послушны, и Он ответит на молитву и введет вас в вечную жизнь.

В Послании к Римлянам, 10:9-10, Павел пишет: *«Ибо*

если устами твоими будешь исповедовать Иисуса Господом и сердцем твоим веровать, что Бог воскресил Его из мертвых, то спасешься, потому что сердцем веруют к праведности, а устами исповедуют ко спасению».

«Веровать сердцем» подразумевает не веру-знание, а духовную веру, когда вы верите, не имея сомнений в сердце своем. Те, кто поверил Божьему Слову сердцем, повинуются Ему, становятся праведными и постепенно уподобляются Господу. Их исповедание: «Я верю в Господа», является истинным, и они обретают спасение.

Я желаю, чтобы ваша вера стала духовной, чтобы она сопровождалась делами, чтобы вы слушались Божьего Слова. Я благословляю вас на это во имя Господа! Тогда вы сможете угодить Ему и наслаждаться жизнью, наполненной Его силой, с помощью которой все становится возможным.

Глава 2

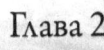

Рост духовной веры

~

«Пишу вам, дети, потому что

прощены вам грехи ради имени Его.

Пишу вам, отцы,

потому что вы познали Сущего от начала.

Пишу вам, юноши,

потому что вы победили лукавого.

Пишу вам, отроки,

потому что вы познали Отца.

Я написал вам, отцы,

потому что вы познали Безначального.

Я написал вам, юноши, потому что вы сильны,

и слово Божие пребывает в вас,

и вы победили лукавого».

(1-е Послание Иоанна, 2:12–14)

~

Если у вас есть духовная вера, то вы как Божье дитя можете наслаждаться правами и благословениями. Вы не только получите спасение и попадёте на Небеса, но также получите ответы на свои молитвы. Кроме того, если у вас есть вера, угодная Богу, и вы повинуетесь Его Слову, все для вас становится возможным.

Именно поэтому в Евангелии от Марка, 16:17-18, Иисус говорит: *«Уверовавших же будут сопровождать сии знамения: именем Моим будут изгонять бесов; будут говорить новыми языками; будут брать змей; и если что смертоносное выпьют, не повредит им; возложат руки на больных, и они будут здоровы».*

Маленькое горчичное зерно становится большим деревом

Когда Иисус Христос увидел, что Его ученики не могут изгонять бесов, Он сказал им, что причина этому — их маловерие, и добавил, что с верой, размером всего даже с горчичное зерно, возможно все. В Евангелии от Матфея, 17:20, Он говорит: *«...По неверию вашему; ибо истинно говорю вам: если вы будете иметь веру с горчичное зерно и скажете горе сей: "перейди отсюда туда", и она перейдет; и ничего не будет невозможного для вас».*

Горчичное зерно маленькое, как точка, которую вы ставите ручкой на листе бумаги. Обладая хотя бы столь малой верой, вы в состоянии передвинуть гору с одного места на другое.

Имеете ли вы веру размером с горчичное зерно? Двигается ли гора по вашей команде с одного места на другое? Действительно ли для вас все возможно?

Поскольку постичь полный смысл этого отрывка, не понимая его духовного значения, сложно, давайте подробнее рассмотрим притчу о горчичном зерне, которую приводит Иисус:

> *«Царство Небесное подобно зерну горчичному, которое человек взял и посеял на поле своем, которое, хотя меньше всех семян, но, когда вырастет, бывает больше всех злаков и становится деревом, так что прилетают птицы небесные и укрываются в ветвях его»* (От Матфея, 13:31-32).

Горчичное зерно меньше любого другого семени, но когда оно вырастает и становится большим деревом, на его ветви прилетают и усаживаются птицы. Иисус использовал притчу о горчичном зерне, чтобы объяснить, что мы в состоянии переместить гору с одного места на другое, что для нас все возможно, когда вера возрастает. Ученики Иисуса должны были обладать твердой верой, потому что в течение долгого времени они были с Ним и стали свидетелями многих замечательных Божьих деяний. Но несмотря на это, Иисус упрекал Своих учеников в отсутствии глубокой веры.

Полная мера веры

Если вы получили Святой Дух и духовную веру, то она должна возрастать до той меры, когда все становится возможным. Бог хочет, чтобы благодаря возрастающей вере вы получали ответы на то, о чем просите.

В Послании к Ефесянам, 4:13–15, нам напоминают: *«Доколе все придем в единство веры и познания Сына Божия, в мужа совершенного, в меру полного возраста Христова; дабы мы не были более младенцами, колеблющимися и увлекающимися всяким ветром учения, по лукавству человеков, по хитрому искусству обольщения, но истинною любовью все возращали в Того, Который есть глава Христос».*

Обычно младенца после рождения регистрируют в государственной организации. Он растет и становится юношей. В соответствующее время он женится и становится отцом. Таким же образом, если через Иисуса Христа вы становитесь Божьим чадом и ваше имя записано в Книге жизни Небесного Царства, ваша вера должна ежедневно возрастать, чтобы достичь веры юношей и затем – веры отцов.

Именно поэтому в Первом послании к Коринфянам, 3:2-3, нас учат: *«Я питал вас молоком, а не [твердою] пищею, ибо вы были еще не в силах, да и теперь не в силах, потому что вы еще плотские. Ибо если между вами зависть, споры и разногласия, то не плотские ли вы? и не по человеческому ли [обычаю] поступаете?».*

Так же, как новорожденному нужно молоко, чтобы жить, духовному младенцу следует вкушать духовное молоко, чтобы расти. А иначе, каким образом духовное дитя сможет повзрослеть, чтобы стать отцом?

1. Вера младенцев

В Первом послании апостола Иоанна, 2:12, мы читаем: *«Пишу вам, дети, потому что прощены вам грехи ради имени Его».* В этом стихе говорится, что тот, кто не знал Бога, получит прощение своих грехов, когда примет Иисуса Христа, и через Святого Духа, который начинает жить в его сердце, обретет право стать Божьим чадом (От Иоанна, 1:12).

Только именем Иисуса Христа вы можете обрести прощение и спасение. Однако мир рассматривает христианство как религию, которая хороша только для душевного здоровья, и с упреком спрашивает: «Почему вы говорите, что спасение возможно только через Иисуса Христа?».

Почему же Иисус Христос является нашим единственным Спасителем? Люди не могут спастись ничьим иным именем, кроме Иисуса Христа. Их грехи могут быть прощены только кровью Иисуса, Который умер на кресте.

В Деяниях святых Апостолов, 4:12, говорится: *«...Ибо нет другого имени под небом, данного человекам, которым надлежало бы нам спастись»,* и в Деяниях же святых Апостолов, 10:43, написано: *«О Нем все пророки свидетельствуют, что всякий верующий в Него получит прощение грехов именем Его».* Вот почему провидение и воля Бога заключаются в том, чтобы люди спасались через Иисуса Христа.

В истории человечества было немало великих и благородных личностей. Например: Сократ, Конфуций, Будда и другие. Однако, с точки зрения Бога, они являлись обычными грешными созданиями, потому что все люди рождаются с первородным грехом, унаследованным от Адама, совершившего грех неповиновения, который передается из поколения в поколение.

Иисус обладал духовной силой и соответствующими качествами, чтобы стать Спасителем человечества: в Нем не было первородного греха, потому что Он был зачат от Святого Духа. Во время своей земной жизни Он не совершил ни одного греха. Он обладал силой спасти человечество, потому что был непорочен и имел такую большую любовь, что пожертвовал Своей жизнью ради грешников.

Поверив в то, что Иисус Христос — единственный истинный путь спасения, и признавая Его своим Спасителем, вы получите прощение всех грехов, примете, как дар от Господа, Святой Дух и станете называться чадом Божьим.

Вера одного из преступников, распятых с Иисусом

Когда Иисус находился на кресте, один из двух разбойников, распятый по одну сторону от Него, перед самой смертью покаялся в своих грехах и принял Его как своего Спасителя. В результате он стал сыном Божьим и попал в Рай. Всех принявших Иисуса Христа и рожденных свыше Бог называет Своими детьми.

Некоторые начинают спорить: «Приняв перед смертью Иисуса как своего Спасителя, преступник получил спасение. Я буду наслаждаться жизнью в миру столько, сколько захочется, а перед смертью приму Иисуса Христа. Я все равно попаду на Небеса!». Такое утверждение абсолютно ошибочно. Как разбойник смог принять Иисуса, над Которым смеялись люди и Который умер на кресте? Слушая Иисуса, разбойник поверил, что Иисус был Мессией. Он покаялся и принял Иисуса как своего Спасителя, находясь рядом с Ним на кресте. Так преступник получил спасение и право войти в Рай.

Любой человек обретает право стать Божьим чадом, когда принимает Иисуса Христа своим Спасителем и принимает Святой Дух. Именно поэтому Бог называет их Своими детьми. Например, после рождения ребенка регистрируют, и он становится гражданином той страны, в которой родился. Так и вы можете обрести небесное гражданство и быть признаны детьми Божьими, если ваше имя записано в Книге жизни.

Таким образом, веру людей, которые недавно приняли Иисуса Христа, получили прощение своих грехов и стали

Божьими детьми, чьи имена записаны в Книге жизни на Небесах, можно назвать детской.

2. Вера детей

Люди, принявшие Иисуса Христа и родившиеся вновь уже как Божьи дети, обретают духовную жизнь, возрастают в вере и приобретают веру детей. К тому возрасту, когда ребенка отнимают от материнской груди, он уже узнает родителей, различает некоторые предметы, окружающую обстановку и людей.

Но дети еще мало что знают и нуждаются в опеке со стороны своих родителей. Когда их спросят, знают ли они, кто их родители, они, скорее всего, скажут: «Да». Однако, если детям задать вопрос о родном городе их родителей или родословии семьи, они не в состоянии будут на него ответить. Таким образом, дети не обладают достаточной информацией о своих родителях, хотя и говорят: «Я знаю маму и папу».

Если родители покупают для ребенка игрушки, он может отличить игрушечный автомобиль от куклы, но он не знает, из чего была сделана машина или каким образом кукла была куплена. Дети имеют представление о некоторых явлениях, которые видят, однако они не понимают того, что не видят собственными глазами.

В духовном смысле, дети обладают верой новичков в познании Бога Отца; они наслаждаются благодатью после того, как приняли Иисуса Христа и Святой Дух. В Первом послании апостола Иоанна, 2:13, говорится: *Пишу вам, отроки, потому что вы познали Отца*. Слова «вы познали Отца» указывают на то, что, посещая церковь, люди, имеющие детскую веру, приняли Иисуса Христа, когда услышали Божье Слово.

Как младенцы, которые сначала ничего не понимают, но, по мере взросления, узнают многое о своих родителях, так и новообращенные постепенно, приходя в церковь и слушая Слово Божье, приходят к пониманию воли и сущности Бога Отца. Однако они еще не способны повиноваться Слову, потому что не обладают достаточной верой. Вера отроков — это вера людей, которые знают истину, поскольку слышали ее; временами они следуют Слову, а временами нет. Этот уровень веры еще не совершенен.

Кто называет Бога Отцом

Если кто-то не принял Иисуса Христа, но говорит: «Я знаю Бога», тот лжет. Однако встречаются те, кто говорит: «Я не хожу в церковь, но я знаю Бога». К ним относятся люди, которые один-два раза почитали Библию, когда-то посещали церковь или слышали где-то о Боге. Однако действительно ли они знают Бога Творца?

Если они знают Бога, им нужно понять, почему Иисус — единственный Сын Божий, почему Бог послал Его в этот мир и почему посадил дерево познания добра и зла в Эдемском саду. Они также должны знать о существовании Небес и ада и о том, как можно обрести спасение и попасть на Небеса. Ведь если люди поймут эти факты, они начнут ходить в церковь и жить в соответствии с Божьим Словом. Однако они не посещают церковь и не называют Бога Отцом, потому что не верят в Бога и не знают Его.

Так же и некоторые неверующие в Бога могут сказать, что знают Его, но это не так. Они не в состоянии признать Бога или назвать Его Отцом, потому что не знают Иисуса Христа и не живут в Его Слове (От Иоанна, 8:19).

Люди называют Бога по-разному

Верующие называют одного и того же Бога по-разному, согласно мере своей веры. Никто не называет Его «Бог Отец» до принятия Иисуса Христа как своего Спасителя. Вполне естественно, что человек не зовет Его Отцом, так как еще не родился свыше.

Как недавно уверовавшие обращаются к Богу? Они немного смущены и зовут Его просто – «Бог». Они еще не могут обратиться к Нему по-простому: «Боже, Отец мой», т.к. чувствуют себя неловко, потому что не служили Ему как своему Отцу.

Однако имя, которым верующие называют Бога, меняется по мере возрастания в вере до уровня веры отроков. Так же, как и дети называют своих отцов «папа», они зовут Его «Отец», имея отроческую веру. Нет ничего плохого в том, чтобы называть Его «Бог» или «Бог Отец». Со временем, обращаясь к Богу только как к Отцу, они начнут называть Его: «Отец, Бог». Как вы думаете, чьи слова для Бога были бы приятнее и теплее: человека, который называет Его «Бог», или того, кто обращается к

Нему: «Отец»? Будет ли доволен Бог, если вы от всей души обратитесь к Нему: «Отец Мой»?

В Книге Притчей Соломоновых, 8:17, Господь говорит нам: *«Любящих меня я люблю, и ищущие меня найдут меня».* Чем больше вы любите Бога, тем больше Он будет любить вас. Чем больше вы ищете Его, тем быстрее сможете получить ответы от Него. На самом деле, живя на Небесах, вы, как Его дитя, будете называть Бога Отцом, поэтому и в этой жизни вам следует установить с Ним близкие отношения. Следовательно, необходимо исполнять обязанности Божьего чада и доказать свою любовь к Нему, полностью повинуясь Его воле.

3. Вера юношей

Так же, как ребенок, который растет, чтобы стать сильным и более смышленым подростком, так и вера детей становится со временем более зрелой, превращаясь в веру юношей. То есть, после стадии духовного младенчества в вере, с помощью молитв и Божьего Слова, уровень веры людей возрастает, и они превращаются в духовных юношей, которые понимают, в чем заключается воля Бога Отца и что собой представляет грех.

Юноши отличаются силой и храбростью

Редко кто из детей хорошо знает законы своей страны. Дети находятся под опекой своих родителей. Даже если они совершают преступление, за это ответственны их родители, потому что не воспитали должным образом своих детей. Младенцы еще всему учатся и не разбираются в том, что такое грех и праведность, что значит иметь родительское сердце.

Что же можно сказать о подростках? Они сильны, вспыльчивы и вероятность совершения ими греховных поступков довольно высока. Они стремятся все увидеть, узнать, испробовать, имеют склонность к подражанию. Они любопытны во всем. Они упрямы и уверены, что для них нет ничего невозможного.

Подобно им, и духовные юноши не ищут земных ценностей, а вместо этого, имея надежду на Небеса, исполнившись Духом Святым, они Божьим Словом побеждают грехи, потому что обладают сильной верой. Они — победители жизни во всех обстоятельствах, они храбро побеждают мир и дьявола, потому что в их жизни пребывает Слово.

Победа и власть над дьяволом

Как же с помощью сильной и храброй веры юноши преодолевают греховный мир и дьявола? Те, кто принимает Иисуса Христа, получают право стать детьми Божьими и побеждают лукавого истиной. Хотя дьявол и силен, он не осмеливается что-либо совершать против Божьих детей. В Первом послании апостола Иоанна, 2:13, мы читаем: *«Пишу вам, юноши, потому что вы победили лукавого».*

Вы можете преодолеть дьявола, когда пребываете в истине, поэтому Божье Слово должно оставаться в вас. Так же, как нельзя соблюсти закон, если его не знать, невозможно жить Божьим Словом, не зная его.

Поэтому вам следует держаться в своем сердце Его Слова и жить Им, отбрасывая все грехи. Люди, имея веру юношей, могут с Божьим Словом победить мир. Именно поэтому в Первом послании апостола, Иоанна 2:14, говорится: *«Я написал вам, юноши, потому что вы сильны, и слово Божие пребывает в вас, и вы победили лукавого»*.

4. Вера отцов

Когда юноши, обладающие сильным и твердым духом, вырастают и становятся взрослыми, они в состоянии оценить и понять любую ситуацию. А с опытом они обретают мудрость и смирение. Людям с верой отцов хорошо известно происхождение Бога и понятно Его провидение, потому что у них есть глубокая духовная вера.

Кто познал Бога

Отцы во многом отличаются от юношей. Юноши, даже если уже многое и знают, все еще незрелы из-за недостатка опыта. Соответственно, встречаются различные ситуации и события, которые не понятны молодым людям, в то время как отцы хорошо разбираются во многих вопросах, потому что попадали в различные жизненные ситуации.

Отцы понимают, почему родители хотят иметь детей, насколько трудно родить и вырастить ребенка. Им известно, откуда родом их родители, как они встретились, вступили в брак.

Существует корейская пословица: «Только когда вы родите своих собственных детей, вы сможете истинно понять душу ваших родителей». Только имея веру отцов, человек может полностью понять сердце Бога Отца. О таких зрелых христианах говорится в Первом послании апостола Иоанна, 2:13: *«Пишу вам, отцы, потому что вы познали Сущего от начала»*.

Имеющие веру отцов становятся примером для других людей, потому что они смиренны и способны твердо стоять в истине, не отклоняясь от нее. Если сравнить веру отцов со временем сбора урожая, веру юношей можно уподобить незрелому плоду. Люди с верой юношей сравнимы с несозревшим зерном. Они настаивают на своих собственных мыслях и теориях. Однако так же, как Иисус показал пример служения, вымыв ноги Своим ученикам, духовные отцы, в отличие от юношей, приносят зрелые плоды дел, которыми прославляют Бога.

Иметь сердце, как у Иисуса Христа

Бог хочет, чтобы у его детей сердца были, как у Бога, Сущего от начала, и как у Иисуса Христа, Который был смирен и послушен до самой смерти (Посл. к Филиппийцам, 2:5-8). По этой причине Бог позволяет Своим детям проходить испытания, посредством которых они обретают выносливость и надежду, а их вера становится зрелой. Таким образом, их вера достигает уровня отцов.

В Евангелии от Луки, в главе 17-й, Иисус учил Своих

учеников притче о слуге. Слуга целый день работал в поле и в сумерках возвратился домой, но никто не сказал ему: «Хорошо потрудился! Садись за стол». Вместо этого слуга должен был приготовить обед для хозяина, и только после этого мог поесть сам. Никто не поблагодарил его за тяжелую работу, хотя он сделал все, что повелел его хозяин. Слуга сказал: «Я раб ничего не стоящий и сделал то, что должен был сделать».

Вы также должны быть смиренными и послушными, чтобы вы могли сказать о себе: «Я недостойный слуга; я только выполнил свои обязанности», даже после того как вы сделали все, что вам повелел Бог. Люди с верой отцов знают глубину и высоту сердца Бога, Сущего от начала, а также знают сердце Иисуса Христа, Который принизил Себя и стал ничем, был покорным, вплоть до смерти. Бог признает и высоко ценит таких людей, и они, подобно солнцу, будут сиять на Небесах.

Так же, как крошечное горчичное зерно растет и становится большим деревом, духовная вера растет от детской до юношеской и наконец становится верой отцов. Какое чудесное благословение — знать Того, Кто существует от начала, иметь достаточно веры, чтобы понять Его высоту и глубину и, уподобившись Иисусу Христу, суметь позаботиться о многих блуждающих душах!

Пусть у вас будет сердце Господа, щедрость, любовь и вера отцов. Я молюсь, чтобы вы принесли многие плоды и вечно сияли, подобно солнцу на небе. Я прошу об этом во имя нашего Господа!

Мера веры каждого человека

*«По данной мне благодати,
всякому из вас говорю: не думайте [о себе] более,
нежели должно думать; но думайте скромно,
по мере веры, какую каждому Бог уделил».*
(Послание к Римлянам, 12:3)

Бог позволяет вам пожинать посеянное и вознаграждает в соответствии с тем, что вы сделали, потому что Он праведен. В Евангелии от Матфея, 7:7-8, Иисус говорит нам: «*Просите, и дано будет вам; ищите, и найдете; стучите, и отворят вам; ибо всякий просящий получает, и ищущий находит, и стучащему отворят*».

Вы получаете благословения и ответы на свою молитву благодаря не плотской, а духовной вере. Вы можете обрести плотскую веру, когда слушаете Божье Слово и изучаете его. Духовную веру, однако, люди не получают по собственному выбору. Ее можно обрести только в том случае, если такую веру даст Бог.

В Послании к Римлянам, 12:3, например, Павел говорит нам: «*...думайте скромно, по мере веры, какую каждому Бог уделил*». Духовная вера, данная Богом, у всех людей разная. В Первом послании к Коринфянам, 15:41, мы находим: «*Иная слава солнца, иная слава луны, иная звезд; и звезда от звезды разнится в славе*»: небесные обители и слава, которыми вознаграждается каждый человек, отличаются в зависимости от меры его веры.

1. Мера веры, данная Богом

Мера — это вес, объем, количество или размер предмета. Бог измеряет веру каждого человека и отвечает на молитвы по мере веры каждого.

Люди глубокой веры получают просимое, если пожелают этого в своем сердце, другим для этого потребуется день молитвы и поста. Люди же с неглубокой верой, получают ответы в том случае, если молятся в течение многих месяцев или даже лет. Если можно было бы «заработать» духовную веру по желанию, то каждый бы получил те благословения и ответы, которые хочет. Мир запутался бы и лишился порядка.

Предположим, что некий человек не живет в соответствии с Божьим Словом. Он просит: «Боже, позволь мне, пожалуйста, стать руководителем самого крупного предприятия в этой стране!» — или: «Я ненавижу того человека. Пожалуйста, накажи его», и на его молитву приходит ответ. На что был бы похож мир?

Духовная вера и повиновение

Как же обрести духовную веру? Бог дает ее не всем, а только тем, кто этого достоин, кто слушается Его Слова. Вы получите духовную веру в такой степени, в какой вы отвергаете ненависть, ссоры, зависть, прелюбодеяние и любите своих врагов.

В Библии говорится, что Иисус воодушевлял некоторых людей, говоря: «Велика вера твоя!», — и порицал других:

«Маловерный!». В Евангелии от Матфея, 15:21-28, описывается момент, когда к Иисусу пришла женщина-хананеянка и попросила Его исцелить ее одержимую дочь. Она взмолилась: «*... Помилуй меня, Господи, сын Давидов, дочь моя жестоко беснуется*» (ст. 22).

Однако Иисус, желая испытать ее веру, ответил: «*Я послан только к погибшим овцам дома Израилева*» (ст. 24). Женщина встала перед Иисусом на колени и сказала: «*Господи! помоги мне*» (ст. 25). Иисус снова отказался, говоря: «*...нехорошо взять хлеб у детей и бросить псам*» (ст. 26). Он сказал это, потому что в то время иудеи относились к иноверцам, как к собакам, а эта женщина была язычницей из места, называемого Тирским.

В такой ситуации большинство людей почувствовали бы стыд, уныние или оскорбление, они быстро оставили бы всякую попытку получить ответ. Эта женщина не отступилась и смиренно приняла слова Иисуса. Она укротила себя и настойчиво выпрашивала у Него благодати: «*Так, Господи! но и псы едят крохи, которые падают со стола господ их*» (ст. 27). Иисус оказался доволен ее верой и ответил: «*О, женщина! велика вера твоя; да будет тебе по желанию твоему. И исцелилась дочь ее в тот час*» (ст. 28).

В Евангелии от Матфея, 17:14-20, мы видим Иисуса, упрекающего Своих учеников за их слабую веру. Один человек привел к ученикам Иисуса своего сына, страдающего эпилепсией, но они были не в состоянии исцелить его. Затем этот человек пришел с сыном к Иисусу,

Который немедленно изгнал из мальчика злых духов. После того как Иисус исцелил ребенка, Его ученики, подойдя к Нему, спросили: «...*Почему мы не могли изгнать его?*» (ст. 19). Он ответил: «...*По неверию вашему*» (ст. 20).

В Евангелии от Матфея, 14:22-33, Иисус упрекает Петра. Однажды ночью Его ученики оказались в лодке посреди бушующих волн и увидели Иисуса, идущего к ним по воде. Когда они заметили Его, то испугались и в страхе закричали: «*Это призрак*» (ст. 26). Но Иисус ответил им: «*Ободритесь; это Я, не бойтесь*» (ст. 27).

Петр набрался храбрости и ответил: «*Господи! если это Ты, повели мне придти к Тебе по воде*» (ст. 28). Тогда Иисус сказал: «Иди», поскольку Петр хотел это услышать. Петр ступил из лодки и пошел по воде к Иисусу. Однако, когда поднялся ветер, он испугался и, начав тонуть, взмолился: «*Господи! спаси меня*» (ст. 30). Иисус немедленно протянул руку и поднял Петра, упрекнув его: «*Маловерный! зачем ты усомнился?*» (ст. 31).

В тот раз Петр получил упрек за свою несовершенную веру, но, после того как он принял Святой Дух и Божью силу, во имя Господа он совершил бесчисленные чудеса. Имея такую сильную веру, он принял смерть за Господа через распятие вниз головой.

2. Различная мера веры человека

В Библии во многих притчах рассказывается о мере веры. В главе 2-й Первого послания апостола Иоанна мера веры объясняется путем сравнения с тем, как растет человек, а в Книге пророка Иезекииля, 47:3-5, меру веры сравнивают с глубиной вод:

«Когда тот муж пошел на восток, то в руке держал шнур, и отмерил тысячу локтей, и повел меня по воде; воды было по лодыжку. И [еще] отмерил тысячу, и повел меня по воде; воды было по колено. И еще отмерил тысячу, и повел меня; воды было по поясницу. И еще отмерил тысячу, и уже тут был такой поток, через который я не мог идти, потому что вода была так высока, что надлежало плыть, а переходить нельзя было этот поток».

Книга пророка Иезекииля — одна из пяти книг великих пророков Ветхого Завета. Бог сделал так, чтобы пророк Иезекииль записал пророчества, когда Южное, Иудейское, царство было разрушено Вавилоном и многие иудеи попали в плен. Начиная с главы 40-й Книги пророка Иезекииля, описывается храм, о котором было видение пророка, а в главе 47-й – видение, как вода выходила из-под порога храма к востоку.

Она вытекала из-под южной стороны храма к югу от алтаря. Потом вода проходила через северные ворота и вытекала из святилища вокруг внешней стороны к внешним вратам, которые смотрели на восток. «Вода» духовно символизирует Божье Слово (От Иоанна, 4:14), а тот факт, что она протекает, огибая внутреннюю часть святилища, и затем выходит из него, указывает на то, что Слово Божье проповедуется не только в святилище, но также и в мире.

Что подразумевает Иезекииль, говоря, что человек «... *отмерил тысячу локтей*» (Кн. пророка Иезекииля, 47:3), идя в восточном направлении и держа в своей руке шнур? Это относится к измерению Богом веры каждого человека и Его точной оценке этой меры в День Суда.

«Муж», который «в руке держал шнур», относится к Божьему слуге, а «держать шнур» означает, что Бог точно измеряет веру каждого человека, и ошибки быть не может. Изменяющаяся глубина потока образно показывает различные уровни меры веры.

По глубине потока

«Воды было по лодыжку» - это говорится о вере духовных детей: мера веры, которая позволяет обрести спасение. Этот уровень соответствует высоте лодыжки человека. Слова «...воды было по колено» относятся к вере отроков, а «по поясницу» — к вере юношей. Наконец, «... вода была так высока, что надлежало плыть» относится к вере отцов.

В День Суда веру всех людей измерят именно так. Небесная обитель каждого человека будет определена Господом в той степени, в какой он живет по Слову Божьему.

«Отмерить тысячу локтей» указывает на величие Божьего сердца, безошибочную точность и глубину Его сердца, учитывающего все. Бог, рассматривая многопланово, со всех сторон, измеряет веру каждого человека. Бог так внимательно исследует глубину нашей души, все наши дела, что никто не скажет, что его обвинили ошибочно.

Бог за всем следит Своими пламенными очами, дает возможность каждому человеку пожать то, что он сеет, и вознаграждает согласно поступкам. Именно поэтому в Послании к Римлянам, 12:3, говорится: *«По данной мне благодати, всякому из вас говорю: не думайте [о себе] более, нежели должно думать; но думайте скромно, по мере веры, какую каждому Бог уделил».*

Думайте мудро, согласно мере вашей веры

Ощущения того, кто ходит в воде, доходящей до лодыжки, весьма отличаются от ощущений тех, кто находится в ней по пояс. Когда вода доходит вам до лодыжки, у вас есть возможность выбора — идти или бежать по воде, потому что на такой глубине плыть нельзя.

Однако находясь по пояс в воде, вы предпочтете плыть. Люди, имеющие детскую веру, думают не так, как те, кто обладает верой отцов, поскольку мысли человека меняются в зависимости от глубины веры. Мудрость человека соответствует мере его веры. Авраам получил обещанного сына Исаака, когда Бог признал его веру.

Однажды Бог повелел Аврааму принести его единственного сына в жертву. Что подумал Авраам о Божьем повелении? Он не рассуждал о том, почему Бог, пообещавший дать ему сына, приказывает принести его в жертву. Нарушил ли Бог Свое обещание?

В Послании к Евреям, в главе 11-й, нам напоминают, что Авраам мудро рассуждал о повелении Бога: «Бог силен и из мертвых воскресить», поскольку Он никогда не обманывает. Авраам не завышал своей самооценки, а скорее размышлял в соответствии с мерой веры, которую ему дал Бог. Авраам никогда не жаловался и не ворчал, но со смиренным сердцем повиновался Богу. В результате он получил еще большее одобрение и благословение от Бога и стал патриархом веры.

Вы должны понять, что, благодаря серьезному и трудному испытанию, Авраам был провозглашен человеком духовной веры и благословений. Вы можете получить Божью любовь и благословение, когда переносите огненные испытания, мудро думая о самом себе в соответствии с мерой собственной веры.

3. Мера веры, испытываемая огнем

В Первом послании к Коринфянам, 3:12-15, Павел говорит, что с помощью огня Бог испытывает веру каждого человека и измеряет совершенные им поступки:

«Строит ли кто на этом основании из золота, серебра, драгоценных камней, дерева, сена, соломы, — каждого дело обнаружится; ибо день покажет, потому что в огне открывается, и огонь испытает дело каждого, каково оно есть. У кого дело, которое он строил, устоит, тот получит награду. А у кого дело сгорит, тот потерпит урон; впрочем

сам спасется, но так, как бы из огня».

«Основание» относится к Иисусу Христу, а «дело» указывает на то, что оно совершено с искренним усилием. Если человек верит в Иисуса Христа, его дела будут представлены такими, как они есть, «ибо день покажет» это.

Когда показывают дела?

Во-первых, дела человека будут предъявлены, когда закончится его земной путь. Например, если кому-то ежегодно нужно показывать выполненную работу, то в конце года он готовит отчет.

Во-вторых, Бог проверяет дела человека, когда к нему приходит испытание огнем. Одни сохраняют покой, несмотря на серьезные испытания и такие трудности, как огонь, другие этого не выдерживают. Наконец, Бог проверит дела людей в День Суда, который наступит после Второго пришествия Иисуса Христа. Он измерит святость и верность каждого человека и назначит соответствующую небесную обитель и награду.

После огненного испытания остаются дела

Вновь в Первом послании к Коринфянам, 3:12-13, нам напоминают: *«Строит ли кто на этом основании из золота, серебра, драгоценных камней, дерева, сена, соломы, — каждого дело обнаружится; ибо день покажет, потому что в огне открывается, и огонь испытает дело каждого, каково оно есть».*

Когда Бог испытывает огнем, то проявляется истинная вера человека, которая по качеству сравнивается с золотом, серебром, драгоценными камнями, деревом, сеном или соломой. Пройдя испытания, люди, имеющие веру золота, серебра, драгоценных камней, дерева или сена, обретают спасение, но люди, имеющие веру соломы, не могут быть спасены, потому что они ничем не отличаются от тех, кто духовно мертв.

Люди обладающие верой золота, серебра или драгоценных камней, в состоянии преодолеть огненные испытания так же, как эти материалы выходят невредимыми из огня. Но людям, имеющим веру дерева или сена, нелегко пройти серьезные огненные испытания.

Характеристики золота, серебра и драгоценных камней

Золото — мягкий желтый металл, используемый для чеканки монет, изготовления драгоценностей и украшений. Золото долго считалось самым дорогостоящим металлом. Даже с течением времени его красивый яркий цвет не изменяется, потому что оно не вступает в химическую реакцию с другими веществами. Золото считается самым ценным металлом, потому что его свойства не изменяются, оно может использоваться для различных целей. Золото – достаточно гибкий металл, которому можно придать любую форму.

Серебро широко используется для изготовления монет и украшений, в промышленных целях, потому что оно занимает второе место среди самых ковких и мягких драгоценных металлов, а также считается хорошим проводником высокой температуры. Серебро легче золота и уступает ему в красоте и яркости.

Драгоценные камни, такие, как алмазы, сапфиры или изумруды, отличаются замечательным цветом и яркостью, однако их свойства лимитированы, и они не могут быть использованы в многообразных целях. Если камни разбить или поцарапать, они теряют свою ценность.

С помощью огненных испытаний Бог измеряет веру каждого человека на ее соответствие золоту, серебру, драгоценным камням, дереву, сену или соломе, согласно совершенным делам, и считает веру золота наиболее ценной из всех других.

Достигайте веры золота

С одной стороны, люди, имеющие веру, подобную золоту, не колеблются, даже когда оказываются перед огненными испытаниями. Вера серебра не столь сильна как вера золота, но превосходит веру более восприимчивых к воздействию огня металлов. С другой стороны, люди с верой дерева или сена, чьи дела сгорают при Божьих огненных испытаниях, могут получить только спасение, без всякой награды. Бог вознаграждает людей в соответствии с тем, что они совершили. Ведь Он справедлив и праведен. Поэтому Он принимает людей, вера которых подобна золоту, не подверженному изменениям, и вознаграждает их как на Небесах, так и на этой земле.

Апостол Павел, который посвятил себя служению язычникам, проповедовал Евангелие с неизменной решимостью духа и сохранил веру до конца, несмотря на то, что столкнулся с бесчисленными испытаниями и трудностями со времени своей первой встречи с Богом.

В Деяниях святых Апостолов, 16:25, говорится: *«Около полуночи Павел и Сила, молясь, воспевали Бога; узники же слушали их»*. За проповедь Евангелия Павла и Силу жестоко избили и заключили в тюрьму, забив ноги в колоду, но они, не жалуясь, в молитве восхваляли Бога. До самой своей смерти Павел никогда не отрекался от Господа и не роптал. Павел всегда оставался радостным и благодарным. Его душа всегда стремилась к Небесам. Он был верен в служении Господу и отдал за Него свою жизнь. Если вы обладаете верой золота, как апостол Павел, то будете сиять, подобно солнцу в небе, и примете особую Божью любовь благодаря вашим делам, которые не превратятся в пепел.

Если у вас вера дерева и сена

Люди, имеющие веру серебра, выполняют свои обязанности надлежащим образом, несмотря на то, что их вера меньше, чем вера золота. Какова же вера драгоценных камней? Люди, имеющие веру драгоценных камней, говорят о себе: «Я буду верен Богу! С искренним сердцем я стану проповедовать Евангелие» после того, как они исцелились от своей болезни или исполнились Святым Духом. Когда приходит ответ на молитвы, они провозглашают: «С этого времени я начинаю жить только для Бога». Внешне они кажутся обладателями веры золота, но в результате огненных испытаний оступаются или сбиваются с пути, потому что у них нет веры золота. Когда такие люди исполнены Святым Духом, создается впечатление, что они обладают сильной верой, но в итоге их душа начинает метаться, как будто вообще не было никакой веры.

Другими словами, вера драгоценных камней только на какое-то мгновение выглядит красивой. Однако дела веры драгоценных камней после огненных испытаний сохраняются, так же, как сохраняется в огне форма ювелирных изделий или драгоценных камней.

После огненных испытаний полностью сжигаются дела «веры дерева и сена». В Первом послании к Коринфянам, 3:14-15, Павел вновь говорит нам: *«У кого дело, которое он строил, устоит, тот получит награду. А у кого дело сгорит, тот потерпит урон; впрочем, сам спасется, но так, как бы из огня». Несомненно, люди, имеющие веру золота, серебра или драгоценных камней, спасены и вознаграждены на Небесах, потому что после Божьего огненного испытания дела их веры остаются. Однако дела тех, кто имеет «веру дерева или сена»,* в результате огненных испытаний сжигаются дотла. Такие люди с трудом обретают спасение, не говоря уже о награде на Небесах.

Бог с радостью принимает вашу веру и обильно вознаграждает, когда вы искренне ищете Его. В Послании к Евреям, 11:6, написано: *«А без веры угодить Богу невозможно; ибо надобно, чтобы приходящий к Богу веровал, что Он есть, и ищущим Его воздает».*

Бог измеряет веру каждого человека с помощью огненных испытаний. Он также дарует благословения на земле и вознаграждает на Небесах любого, чья неизменная вера подобна золоту. Вы должны понять, что есть разные ответы и благословения от Бога, так же, как и различные небесные обители и венцы, согласно мере веры человека. Пусть у вас появится стремление достичь «веры золота», угодной Богу, чтобы радоваться Его благословениям на этой земле и пребывать в славной обители, сияя в небесах, как солнце. Я молюсь об этом во имя нашего Господа!

Глава 4

Вера, необходимая
для спасения

Мера Веры

«Петр же сказал им: покайтесь,
и да крестится каждый из вас во
имя Иисуса Христа для прощения грехов;
и получите дар Святого Духа.
Ибо вам принадлежит обетование
и детям вашим и всем дальним,
кого ни призовет Господь Бог наш».
(Деяния, 2:38-39)

В предыдущей главе мы говорили о том, что Бог принимает духовную веру, сопровождаемую делами. Духовная вера у каждого человека различна. Она становится зрелой в зависимости от степени послушания Божьему Слову.

Мера веры включает пять уровней: вера золота, серебра, драгоценных камней, дерева и сена. Подобно тому, как, ступенька за ступенькой, вы поднимаетесь по лестнице, ваша вера, если вы питаетесь Божьим Словом и повинуетесь ему, становится зрелой, изменяясь от сена к золоту.

Только верой приобретаются Небеса, и, чтобы крепко держаться за Небесное Царство, вам необходимо, шаг за шагом, усиливать свою веру. Насколько вы достигаете веры золота, настолько восстанавливаете потерянный образ Бога, получаете Его благословение и одобрение и приближаетесь к Новому Иерусалиму, в котором находится Божий Престол. Более того, если у вас есть вера золота, Бог вами доволен, Он отвечает на желания вашего сердца и благословляет вас на свершение удивительных знамений.

Я надеюсь, что вы, измерив свою веру, будете стремиться к обладанию верой более высокого уровня.

1. Первый уровень веры

До того как принять Иисуса Христа, мы были детьми дьявола, жили в грехе, и всем нам был уготован ад. Об этом говорится в Первом послании апостола Иоанна, 3:8: *«Кто делает грех, тот от диавола, потому что сначала диавол согрешил. Для сего-то и явился Сын Божий, чтобы разрушить дела диавола»*.

Однако каким бы хорошим и непорочным вы ни выглядели, в действительности вы живете в темноте, потому что греховная природа, скрытая внутри, проявится сразу же, когда на вас изольется свет совершенной Божьей истины. Когда-то я думал, что являюсь настолько хорошим и благородным человеком, что смогу жить без закона. Однако, приняв Господа и посмотрев на себя в свете Слова истины, я обнаружил, что был нечестивцем. То, что я делал, говорил или слышал, о чем думал, — все противоречило Его Слову.

Бог сказал об Иове: *«...Нет такого, как он, на земле: человек непорочный, справедливый, богобоязненный и удаляющийся от зла»* (Кн. Иова, 1:8).Тем не менее тот же самый Иов, которого считали непорочным и праведным человеком, произносил слова недовольства, жаловался и стонал, поскольку ему пришлось пройти серьезные испытания. Он говорил: *«...Еще и ныне горька речь моя: страдания мои тяжелее стонов моих»* (23:2) и: *«Жив Бог, лишивший [меня] суда, и Вседержитель, огорчивший душу мою»* (27:2).

Во время жизненно опасных испытаний Иов не мог контролировать проявления зла и греха, несмотря на то, что о нем отозвались как о «непорочном и справедливом» человеке. Кто, в таком случае, может утверждать, что является безгрешным перед Богом, являющимся Светом?

В глазах Бога даже следы таких греховных проявлений, как ненависть, зависть, споры, ссоры или воровство, считаются грехом. Об этом Бог открыто говорит нам в Первом послании апостола Иоанна, 1:8: *«Если говорим, что не имеем греха, — обманываем самих себя, и истины нет в нас».*

Принять Иисуса Христа

Бог Любви послал Своего Единородного Сына Иисуса на землю, чтобы очистить нас от грехов. Иисуса распяли ради нас. Он пролил Свою драгоценную кровь. Он понес наказание за наши грехи. Однако на третий день, разрушив силы смерти, Он вокрес из мертвых. Спустя сорок дней после Своего Воскресения Иисус взошел на Небеса на глазах у Своих учеников, обещая возвратиться снова и взять нас туда же (Деяния, 1).

Теперь вы получаете дар Святого Духа и будете запечатлены как чада Божьи, если верите в путь спасения и сердцем принимаете Иисуса Христа как своего Спасителя. Вы получаете право стать чадом Божьим, как обещано в Евангелии от Иоанна, 1:12: *«А тем, которые приняли Его, верующим во имя Его, дал власть быть чадами Божиими».*

Право стать Божьим чадом

Предположим, родился ребенок. Родители регистрируют его как своего сына и дают ему имя. Таким же образом, когда вы рождаетесь свыше как дитя Божье, ваше имя вносится в Книгу жизни на Небесах и вам дают небесное гражданство.

Став Божьим чадом, приняв Иисуса Христа и получив прощение грехов, вы оказываетесь на первом уровне веры (1-е посл. Иоанна, 2:12). Кроме этого, вы называете Бога Отцом (Посл. к Галатам, 4:6). Вы испытываете радость, поскольку приняли Святой Дух, хотя вам еще неизвестно Божье Слово истины, и теперь вы уверены в существовании Бога.

Первый уровень веры называется «вера во спасение», или «вера для принятия Святого Духа», и приравнивается к вере маленьких детей, или сена, как было ранее описано.

2. Вы приняли Святого Духа?

В Деяниях святых Апостолов, 19:1-2, описывается момент, когда Павел, который посвятил свою жизнь проповеди Евангелия язычникам, встретил некоторых учеников в Эфесе и спросил их: *«Приняли ли вы Святого Духа, уверовав?»*. На это они ответили: *«Мы даже и не слыхали, есть ли Дух Святой»*. Эти ученики приняли крещение водой в покаяние, которое проповедовал Иоанн Креститель, но не крещение Духом Святым.

Бог обещал в Книге пророка Иоиля, 2:28, и в Деяниях

святых Апостолов, 2:17, что в последние дни изольет Своего Духа «на всякую плоть». Это обещание исполнилось, а люди, которые получили Духа Божьего, Святого Духа, основали церковь. Однако, подобно ученикам в Эфесе, существует много людей, которые утверждают, что веруют в Бога, но живут, не зная, Кем является Дух Святой и что означает крещение Святым Духом.

Если вы получили право стать Божьим чадом, приняв Иисуса Христа, Он даст вам Святой Дух как дар – в подтверждение этого права. Поэтому, если вы не знаете Святого Духа, вас нельзя назвать или считать Божьим чадом. Во Втором послании к Коринфянам, 1:21-22, об этом написано: *«Утверждающий же нас с вами во Христе и помазавший нас [есть] Бог, Который и запечатлел нас и дал залог Духа в сердца наши»*.

Принятие Святого Духа

В Деяниях святых Апостолов, 2:38-39, подробно объясняется, как мы можем принять Святого Духа: *«...Покайтесь, и да крестится каждый из вас во имя Иисуса Христа для прощения грехов; и получите дар Святого Духа. Ибо вам принадлежит обетование и детям вашим и всем дальним, кого ни призовет Господь Бог наш»*.

Человек получает прощение своих грехов и дар Святого Духа, если исповедает свои грехи, смиренно раскается и поверит, что Иисус — его Спаситель. Например, в Деяниях святых Апостолов, в главе 10-й, рассказывается о язычнике из Кесарии по имени Корнилий. Однажды апостол Петр посетил его дом и проповедовал ему и всей его семье Евангелие Иисуса Христа. В то время как Петр проповедовал, на них сошел Святой Дух, и они начали говорить на языках.

Люди, которые получают Святого Духа, принимая Иисуса Христа своим Спасителем, находятся на первом уровне веры. Они еще не отвергли свои грехи, борясь с ними, не выполнили данные Богом обязанности и не воздали славу Отцу. Разбойник, распятый вместе с Иисусом, принял Его как своего личного Спасителя, и мера его веры также соответствует первому уровню.

3. Вера покаявшегося разбойника

В Евангелии от Луки, в главе 23-й, говорится, что с обеих сторон от Иисуса были распяты два разбойника. В то время как один из них высмеивал Иисуса, другой разбойник упрекнул первого и, раскаявшись в своих грехах, принял Иисуса как Спасителя. Он сказал: «...*Помяни меня, Господи, когда приидешь в Царствие Твое!*» — и Иисус ответил ему: «... *истинно говорю тебе, ныне же будешь со Мною в раю*» (ст. 42,43).

Рай, который Иисус обещал преступнику, находится на окраине Небес. Туда попадут люди первого уровня веры и всегда будут там пребывать. Спасенным душам в Раю вообще не предназначена никакая награда. Спасенный разбойник признал свои грехи и с чистой совестью получил прощение, приняв Иисуса Христа как своего Спасителя.

Однако в течение своей жизни на земле он ничего не сделал для Господа. Именно поэтому он обрел обетование Рая, где нет никакой награды. Если вера людей не вырастет до размеров горчичного зерна даже после получения Святого Духа и принятия Иисуса Христа, они обретут только спасение и будут вечно жить в Раю, без всякой награды.

Однако вы не должны думать, что только новообращенные или новички веры находятся на первом уровне. Даже ведя христианскую жизнь в течение долгого времени и служа старейшиной или дьяконом, вы можете получить спасение без награды, если в огненных испытаниях ваши дела сгорят дотла.

Необходимо молиться и стремиться жить в соответствии с Божьим Словом, после того как вы получили Святого Духа. Если вы не живете Словом, а вместо этого продолжаете грешить, ваше имя будет вычеркнуто из Книги жизни, и вы не попадете на Небеса.

4. Не угасите огонь Святого Духа

Встречаются люди, которые когда-то были верны, но постепенно, по разным причинам, охладели в своей вере и едва получают спасение.

Помню человека, который был старейшиной в моей церкви и активно участвовал в церковной работе. Внешне его вера казалась крепкой, но однажды он неожиданно серьезно заболел. Он не мог даже говорить и пришел попросить меня помолиться за него. Вместо того чтобы просить исцеления, я начал молиться о его спасении. В это время его душа очень страдала от страха, поскольку в духовном мире шла борьба между ангелами, которые пытались взять его на Небеса, и злыми духами, тянувшими его в ад. Если бы он обладал верой, достаточной для спасения, то за ним не пришли бы злые духи. Я немедленно помолился, чтобы прогнать их, и попросил Бога принять этого человека. Сразу после молитвы он обрел утешение и заплакал. Он был близок к вечной смерти, но покаялся и получил только спасение.

Было время, когда тот человек после моей молитвы стал здоров, и даже его жена, которая была на пороге смерти, возвратилась к жизни через мою молитву. Слушая Слово жизни, его семья, испытавшая много горестей, обрела счастье. С тех пор он стал зрелым верующим и преданным Божьим служителем, отлично выполнял свои обязанности.

Однако когда в церковь пришло испытание, он не попытался защитить ее, а вместо этого позволил сатане управлять своими мыслями. Произнесенные слова построили великую стену греха между ним и Богом. Это привело к тому, что он больше не мог находиться под Божьей защитой и его поразила серьезная болезнь.

Как служитель Божий он не должен был прислушиваться к тому, что было против истины и Божьей воли, но он слушал и распространял слухи. Бог мог только отвернуть Свое лицо от такого человека, потому что он повернулся спиной к безграничной благодати Бога, Который исцелил его от серьезной болезни. Он лишился награды и не мог обрести силу для молитвы. Вера этого человека умалилась и в результате достигла такого уровня, что он потерял уверенность в своем спасении.

К счастью, Бог помнил его прошлое служение в церкви. Этот человек смог получить «постыдное» спасение без награды, после того как Бог дал ему возможность покаяться в том, что он сделал.

Вы должны понимать, что для Бога гораздо важнее то, как вы относитесь к Нему в глубине своего сердца, выполняете ли вы Его волю, нежели количество лет, которое вы прожили в вере. Если вы регулярно ходите в церковь, но создаете стену греха, не повинуясь Божьему Слову, Святой Дух не действует в вашей жизни. Вы теряете даже веру с горчичное зерно (1-е посл. к Фессалоникийцам, 5:19), и вам не обрести спасения.

В Послании к Евреям, 10:38, Бог говорит: *«Праведный верою жив будет; а если [кто] поколеблется, не благоволит к тому душа Моя»*. Каким несчастным человеком вы являетесь, если в течение многих лет ваша вера возрастала только для того, чтобы вам уйти обратно в мир! Вы должны всегда бодрствовать, чтобы не искушаться и не дать своей вере ослабнуть.

5. Спасен ли Адам?

Многие люди задаются вопросом, что произошло с Адамом и Евой после того, как они вкусили плод дерева познания добра и зла. Могли они обрести спасение даже

после того, как были прокляты и изгнаны из Эдемского сада
из-за неповиновения?

Давайте вспомним то, как Адам ослушался Божьего
повеления. После того как Бог создал небеса и землю, Он
сотворил человека из праха земного по Своему образу и
подобию. Когда Бог вдохнул в человека дыхание жизни, он
стал живым духом. Потом Господь посадил на востоке
Эдемский сад и привел туда человека.

В этом саду, самом красивом и полном изобилия месте на
земле, Адам ни в чем не испытывал нужды. Он наслаждался
вечной жизнью и правом управлять всем. Кроме того, Бог
дал ему помощницу и благословил их плодиться,
размножаться и наполнять землю. Так Бог даровал
благословение первому человеку, Адаму, который жил в
наилучших условиях, не испытывая никакой нужды.

Однако было нечто, запрещенное Богом. Он сказал: «...
*А от дерева познания добра и зла, не ешь от него; ибо в
день, в который ты вкусишь от него, смертью умрешь*»
(Бытие, 2:17). Это указывает на то, что Бог является
абсолютным правителем и что Он установил порядок во
взаимоотношениях Бога и человека.

По прошествии некоторого времени, Адам и Ева
пренебрегли повелением Бога и вкусили запретный плод, не
выдержав искушения, пришедшего через змея. Они
согрешили, в результате чего их дух умер. Люди стали
плотскими, а в их жизнь вошел грех. Адам и Ева были
изгнаны из Эдема, и теперь их жизнь наполнилась
многочисленными страданиями, болезнями, слезами, горем
и болью. Пройдя свой жизненный путь, они умерли,

согласно словам Бога: «...Смертью умрешь».

Обрели ли Адам и Ева спасение, и попали ли они на Небеса? Они ослушались Божьего повеления и согрешили против Него. В связи с этим некоторые люди спорят: «Они не получили спасение, так как согрешили и вызвали проклятие на все, что было сотворено, а также на своих потомков». Все же Бог Любви открыл им путь спасения. Сердца первых людей оставались чистыми по отношению к Богу даже после того, как они согрешили, что абсолютно не похоже на сегодняшних людей, сердца которых запятнаны всякого рода злом этого грешного мира.

Согрешив, Адам должен был трудиться в поте лица, в отличие от того времени, когда он безмятежно жил в Эдемском саду, а Еве пришлось страдать от сильной боли при рождении детей. Они оба также оказались свидетелями того, как их старший сын убил младшего.

Испытав страдание и боль, Адам и Ева начали понимать, насколько драгоценными были благословения и изобилие, которым они наслаждались в Эдемском саду. Время, когда они жили под Божьей защитой, в Его любви, безвозвратно ушло. Люди, наконец, поняли, что все, чем они наслаждались в саду Эдема, являлось благословением и Божьей любовью, и полностью раскаялись в своем неповиновении воле Господа.

Как же мог Бог Любви, который прощает даже раскаявшегося от всей души убийцу, не принять их покаяния? Они были созданы руками Господа и в течение долгого времени воспитывались в Его благодати и под Его опекой. Разве мог Бог послать их в ад?

Бог принял покаяние Адама и Евы и в Своей любви повел их по пути спасения. Конечно, они обрели его и попали в Рай. Их неповиновение принесло Божьему сердцу большую боль. Непослушание привело к смерти и страданию бесчисленные будущие поколения. Представим ребенка, который в течение долгого времени не растет. Если ребенок развивается хорошо, его мать и отец вполне довольны.

Но если он очень хорошо питается, но не растет, беспокойство и волнение его родителей день за днём увеличивается. Таким же образом, как только вы принимаете Святого Духа и обретаете даже небольшую, с горчичное зерно веру, следует стремиться к укреплению своей веры, изучая Божье Слово и исполняя его. Только тогда вы окажетесь в состоянии получить все, о чем просите во имя Господа, воздать славу Всевышнему и приблизиться к Небесному Царству.

Я желаю, чтобы вы не ограничивались тем, что обрели спасение и приняли Святого Духа, а стремились возрастать в вере, наслаждаясь правом и благословениями как возлюбленные дети Божьи. Я прошу об этом во имя нашего Господа!

Вера, на уровне попыток жить по Слову

«Итак я нахожу закон, что,
когда хочу делать доброе, прилежит мне злое.
Ибо по внутреннему человеку нахожу удовольствие
в законе Божием; но в членах моих вижу иной закон,
противоборствующий закону ума моего и делающий
меня пленником закона греховного,
находящегося в членах моих. Бедный я человек!
кто избавит меня от сего тела смерти?
Благодарю Бога моего Иисусом Христом, Господом нашим.
Итак тот же самый я умом моим служу закону Божию,
а плотию закону греха».

(Послание к Римлянам, 7:21–25)

Посвятив свою жизнь Христу и приняв Святого Духа, вы становитесь ревностными и усердными в вере и чувствуете, как вас наполняет радость спасения. Вы стремитесь повиноваться Божьему Слову, если познаете Бога и Небеса. Святой Дух помогает вам понимать истину и следовать ее путем. Если вы не повинуетесь Божьему Слову, то чувствуете себя несчастными, потому что Святой Дух в вас огорчается. В конце концов вы осознаете свой грех.

Таким образом, несмотря на то, что у вас есть вера, которая позволяет вам только спастись, вы стремитесь жить Божьим Словом, поскольку в этом случае ваша вера становится зрелой. Давайте подробно исследуем, какую жизнь в вере вы ведете на этой стадии.

1. Второй уровень веры

Когда вы спасаетесь, приняв Иисуса Христа, то оказываетесь на первом уровне веры. На этом уровне вы можете совершить грех, не подозревая об этом, потому что имеете ограниченное знание Божьего Слова. На этом уровне верующий похож на младенца, который не стесняется своей наготы.

Но если вы слышите Божье Слово и духовно ощущаете,

что в Нем есть жизнь, вам хочется слышать Его и молиться Богу чаще. Видя, как верно служат люди в церкви, вам также хочется вести христианский образ жизни. Постепенно вы отходите от мирского стиля поведения, посещаете церковь и стремитесь слушать Божье Слово.

Если прежде вы любили встречаться со своими светскими друзьями, то теперь вы предпочитаете духовное обучение и общение, потому что ваше сердце обращено к духу.

На втором уровне веры из проповедей пастора и свидетельств других братьев и сестер во Христе вы учитесь, как, в новом качестве Божьего чада, вести праведную жизнь христианина. Вы соблюдаете святой день Господний и приносите в храм десятину. Вы уже знаете, что необходимо всегда радоваться, непрестанно молиться и за все благодарить. Вы учитесь любить своих ближних, как самих себя, и даже любить своих врагов. Вас учат, что нужно не только не допускать таких проявлений зла, как ненависть, зависть, осуждение или клевета, но и иметь сердце, подобное сердцу Господа. В такой период вы решаете жить по Слову.

2. Самый трудный этап жизни в вере

Вы прилагаете все усилия, чтобы повиноваться Слову, потому что вам известна истина. В то же самое время, однако, вы чувствуете бремя, потому что жить по Слову нелегко. Создается впечатление, будто ваши поступки противоречат вашим желаниям.

Трудности возникают оттого, что вам пока еще не дана необходимая духовная сила, чтобы следовать Слову. Некоторые люди вздыхают и жалуются: «Лучше бы я не знал церковь». Позвольте мне объяснить этот момент с помощью примера.

Каждое воскресенье вы хотите посвятить Господу, но иногда вы не можете этого сделать из-за какого-нибудь общественного мероприятия или встречи. Иногда, в воскресенье утром, вы посещаете богослужение, но в этот день пропускаете вечернее собрание. Иногда в воскресенье вы идете на свадьбу к своему другу или родственнику и не участвуете в богослужении.

Вам также известно о необходимости принести Богу десятину, но иногда вы не исполняете этого повеления. Бывают времена, когда вас переполняет ненависть к другим, несмотря на то, что вы стараетесь сдерживаться. При виде привлекательного представителя противоположного пола возникает вожделение, потому что определенный грех все еще присутствует в вашем сердце (От Матфея, 5:28).

Если вы на втором уровне веры, то вы очень стараетесь исполнять Божье Слово, хотя вам еще не дана сила так поступать. Однако вы прилагаете все усилия, чтобы преодолеть такие грехи, как осуждение, зависть, ревность, прелюбодеяние, так как они противоречат Слову.

Непостоянное повиновение Слову

В Послании к Римлянам, 7:21–23, апостол Павел подробно объясняет, почему второй уровень веры — самый трудный этап в жизни верующего: *«Итак я нахожу закон, что, когда хочу делать доброе, прилежит мне злое. Ибо по внутреннему человеку нахожу удовольствие в законе Божием; но в членах моих вижу иной закон, противоборствующий закону ума моего и делающий меня пленником закона греховного, находящегося в членах моих».*

Встречаются христиане, которые чувствуют дискомфорт из-за того, что знают Слово, но пока не повинуются Божьим повелениям. Обязанность духовных руководителей заключается в том, чтобы мудро вести таких людей по пути истины.

Некоторые не могут бросить курить или пить. Если упрекать таких людей словами: «Будете продолжать курить или пить, Бог будет на вас гневаться», они будут приходить на богослужение все реже и в конечном счете оставят Бога. Вы должны ободрять их такими словами: «Вы легко можете прекратить курить и пить, потому что Бог поможет вам. Если ваша вера растет, можно быстро оставить вредные привычки. Молитесь, пожалуйста, постоянно с верой в Бога». В этом случае не следует направлять его к Богу с ощущением вины и страха наказания. Вместо этого вы должны подбодрить его так, чтобы он обратился к Господу с радостью и благодарностью, почувствовал уверенность в Божьей любви.

В качестве другого примера представьте человека, который посещает богослужение только в воскресенье утром, а днем открывает свой магазин. Что бы вы сказали ему? Вы можете мягко предупредить его, сказав: «Бог доволен, если вы всегда соблюдаете день Господень. Если вы полностью посвящаете этот день Господу и молитесь, чтобы Он вас благословлял, то обязательно увидите, что Бог благословит вас обильнее, чем вы сможете заработать, открыв свой магазин в воскресенье».

Тем не менее, это не означает, что, если мера чьей-либо веры не возрастает, не нужно ничего изменять. При наблюдении за развитием ребенка, мы видим, что, если он перестает расти, то он заболевает, становится слабым или умирает. Так же и вера человека через какое-то время ослабевает, отдаляя его от пути спасения. Как страшно, если человек не может быть спасен!

В Откровении Иоанна Богослова, 3:15-16, Иисус говорит нам: «... *Знаю твои дела; ты ни холоден, ни горяч; о, если бы ты был холоден или горяч! Но как ты тепл, а не горяч и не холоден, то извергну тебя из уст Моих*». Бог упрекает нас и объясняет, что мы не в состоянии спастись, если наша вера «теплая». Если вера «холодная», Бог может привести вас к покаянию и спасению, допуская испытания. Но если ваша вера «теплая», вам нелегко будет осознать свои действия и раскаяться в грехах.

3. Вера народа Израиля во время Исхода

Когда у вас не получается жить по Божьему Слову, вы жалуетесь или ворчите из-за трудностей, вместо того чтобы с верой и радостью их преодолевать. Однако Бог Любви терпелив и постоянно побуждает нас пребывать в истине.

Давайте рассмотрим такой пример. Почти 400 лет народ Израиля оставался в Египте в рабстве. Следуя за Моисеем, они ушли из этой страны и стали свидетелями великих Божьих дел, много раз явленных им по дороге в землю Ханаан.

Люди присутствовали при Десяти египетских казнях, они видели как разделились воды Красного моря, а горькая вода Мерры стала сладкой, пригодной для питья. Они также ели манну и перепелов, которые падали с неба, когда народ странствовал по пустыне греха. Они были очевидцами проявления дивной Божьей силы.

Все же народ выражал недовольство и ро\птал, вместо того чтобы с верой молиться всякий раз, когда встречались трудности. Однако любящий и терпеливый Бог оставался с ними день и ночь, пока они не достигли земли обетованной.

Недовольство и обиженные люди

Почему народ Израиля продолжал проявлять недовольство и роптать каждый раз, когда встречались испытания и трудности? Это было вызвано не самой ситуацией, а верой людей. Если бы они обладали истинной верой, то сердцами уже пребывали бы в Ханаане, земле обетованной, несмотря на то, что в действительности еще находились в пустыне.

Другими словами, если бы люди поверили, что Бог абсолютно точно ведет их в землю Ханаана, то стремились бы туда, преодолевая всевозможные трудности, не чувствуя мучений или боли и невзирая на испытания, встречавшиеся им в пустыне. В зависимости от меры веры, и отношения людей к сложным ситуациям, их реакция в одинаковых условиях может быть разной. Некоторые испытывают мучения в лишениях, другие принимают проблемы с чувством долга, и все же находятся те, кто в подобных трудностях видят Божью волю и радостно, с благодарением повинуются ей.

Как жить во Христе с благодарностью, без ропота? Позвольте мне показать это с помощью примера. Предположим, что вы живете в Сеуле и находитесь в больших финансовых затруднениях. Кто-то приходит к вам и говорит о существовании алмаза размером с футбольный мяч, спрятанного в определенном месте на пляже Пусана, приблизительно в 400-х километрах к юго-востоку от Сеула. Если вы найдете его, он будет вашим. Но есть условие: к побережью нужно добираться только пешком, транспортом пользоваться нельзя. Как бы вы отреагировали? Никто из вас не сказал бы: «Хорошо. Теперь алмаз мой, поэтому поищу эту драгоценность в следующем году», или: «Я пойду туда в следующем месяце, потому что сейчас очень занят».

Наоборот, вы отправитесь на поиски, как только узнаете об этом. Услышав подобное известие, большинство людей побежит в Пусан и постарается как можно скорее завладеть ценным алмазом. Никто не остановится в пути, несмотря на боль в ногах или усталость. Напротив, вы будете бежать изо всех сил, не жалуясь, чтобы с благодарностью и радостью получить драгоценный алмаз.

Таким же образом, если у вас есть уверенность в вечном и

прекрасном Небесном Царстве и несгибаемая вера, вы при любых обстоятельствах и без всякого ропота сможете пробежать «дистанцию» веры, пока не достигнете Небес.

Послушные люди

Если вы повинуетесь Божьему Слову, то не чувствуете ни мучения, ни бремени от того, что вы христианин, но испытываете удовольствие и радость. Если вы ощущаете, что ваша вера ослабла, это свидетельствует о вашем неповиновении Божьему Слову и движении против Его воли.

Расскажу вам притчу. Раньше лошади использовались как тягловая сила. Животных часто били кнутом, притом, что они выполняли работу для своего хозяина. Если лошади повиновались хозяину, их не надо было бить, но если они не слушались и не шли по указанной дороге, животных ждало серьезное наказание.

То же самое происходит с людьми, которые не повинуются Божьему Слову. Такие люди идут своим собственным путем и заставляют Господина сердиться. Время от времени их наказывают. Напротив, люди, которые повинуются Божьему Слову, говоря: «Боже, только укажи мне, и я буду следовать исключительно за Тобой», ведут мирную и легкую жизнь.

Например, Бог повелевает нам: «Не кради». Когда вы следуете этой заповеди, то пребываете в мире и покое. Но когда вы не повинуетесь, то ощущаете себя неловко, потому что у вас возникает желание украсть. Вполне естественно, что Божье дитя должно отказаться от всего, что, по мнению Бога, ему не стоит делать. В противном случае человека начнет мучить совесть.

Именно поэтому в Евангелии от Матфея, 7:13-14, Иисус говорит: *«Входите тесными вратами; потому что широки врата и пространен путь, ведущие в погибель, и многие идут ими; потому что тесны врата и узок путь, ведущие в жизнь, и немногие находят их».*

Те, кто недавно в вере, считают, что повиноваться Божьему Слову тяжело и трудно, подобно попытке протиснуться через узкие двери. Все же постепенно они понимают, что этот путь к Небесам — истинная и счастливая дорога.

4. Пока вы не поверите и не станете послушными

Вы, вероятно, много раз слышали стихи из Первого послания к Фессалоникийцам, глава 5-я: *«Всегда радуйтесь. Непрестанно молитесь. За все благодарите: ибо такова о вас воля Божия во Христе Иисусе»* (ст. 16–18).

Теряете ли вы радость, когда в вашей жизни происходит что-то печальное? Расстраиваетесь, когда кто-то создает вам трудности? Тревожитесь, когда испытываете материальные сложности или когда вас кто-то преследует?

Некоторые считают, что быть радостным и благодарным в трудные времена – это лицемерие. Они спрашивают:

«Почему я должен благодарить, когда не за что воздавать благодарность?». Им известно, что следует проявлять терпение, но они либо расстраиваются, либо сердятся, когда сталкиваются с непереносимыми ситуациями.

Они прелюбодействуют в сердце, когда смотрят на привлекательных женщин, потому что еще не отвергли вожделения сердца. Все это доказывает, что подобные люди не оставили еще своих грехов и не повинуются Слову.

Вы не слышите голос Святого Духа

Если вы знаете Божье Слово, но не исполняете Его, то не сможете слышать голос Святого Духа, не получите Его водительства, потому что между вами и Богом выстроится стена греха. Слышать голос Святого Духа и находится под Его водительством может даже новообращенный, если он следует Божьему Слову. Несмотря на то, что вера ваша еще мала, вы будете угодны Богу, и Он станет направлять вас, если вы будете повиноваться Ему.

Я приведу пример. Родители заботятся обо всех нуждах своего маленького ребенка. Однако когда он начинает ходить самостоятельно и может сам есть, ему уже не надо уделять столько внимания. Они больше не должны относиться к нему как к младенцу, когда он достигает возраста ученика младших классов. Все же родители будут чувствовать боль и беспокойство, если ребенок не умеет одевать ботинки или не может самостоятельно сделать то, к чему уже давно готов.

Если вы ведете христианский образ жизни настолько давно, что уже можете стать лидером или служителем в своей церкви, то вы должны повиноваться Божьему Слову. Если вы изучаете Слово, но продолжаете жить, словно маленький ребенок, и строить стену из грехов, которая отделяет вас от Бога, ожидайте испытания. В таком случае невозможно получить ответы от Бога, даже обращаясь к Нему с молитвой.

Вы не принесете добрый плод в своей жизни и не получите Божьей защиты. Вы не будете процветать, в вашей жизни будут трудности. Ваша жизнь будет болезненной и изнуряющей, наполненной неприятностями и беспокойством.

Вы не получаете ни ответы от Бога, ни Его защиту

Если вы находитесь на втором уровне веры, то вам хорошо известно, чем является грех и что необходимо преодолеть зло и противление истине в самом себе. Если вы не отреклись от этого, а продолжаете носить грех в своем сердце, то как же вы, не испытывая стыда, можете прийти к святому Богу, Который является Светом? К вам приближается ваш враг – дьявол и сатана, заставляя усомниться в Боге, искушая вас вернуться в мир.

В моей церкви был старейшина, который пробовал добиться результата в разных видах коммерческой деятельности, задавая себе вопрос: «Что я могу сделать для моего пастыря?».

Все же успеха он не добился, потому что, несмотря на то, что внешне сохранял верность, его сердце, что самое главное, не было обрезано. Этот человек огорчил Бога, следуя не Его

путями, а идя на поводу своих плотских мыслей и желаний
своего сердца, которое часто стремилось к личной выгоде.
Он также делал неверные замечания, сердился на других
людей и во многом не повиновался Божьему Слову.

Кроме того, когда он сталкивался с финансовыми
трудностями и проблемами в общении с людьми, он
действовал неправедно, не по вере. В конце концов его вера
настолько истощилась, что он потерял все награды,
заработанные до этого, и Бог, в положенный час, призвал его
душу. Вы должны понять, что самое главное – не внешняя
верность и церковные звания, а отречение от грехов – вот о
чем говорит Божье Слово.

5. Незрелые и зрелые верующиее

Находясь на первом уровне веры, вы не чувствуете
беспокойства и стенаний Святого Духа, когда грешите. Это
связано с тем, что вы еще не в состоянии отличить истину от
лжи и не осознаете, что совершаете грех. Бог не наказывает
слишком строго, когда вы оступаетесь, потому что не
способны отличить правду от неправды, недостаточно
знаете Божье Слово.

Ведь маленького ребенка не наказывают, когда он
опрокидывает чашку с водой или разбивает красивый
фарфор. В этом случает родители или другие члены семьи
возлагают ответственность на себя за свою небрежность, а не
на ребенка.

Когда вы выходите на второй уровень веры, то отчетливо

слышите голос Святого Духа и чувствуете беспокойство, когда совершаете греховные поступки. Тем не менее вам сложно понять каждое Слово в Писании, потому что в духе вы похожи на маленького ребенка, которому нелегко самостоятельно следовать Слову. Именно поэтому людей на первом или втором уровне веры называют «христианами, питающимися молоком».

Христиане, питающиеся «молоком»

В Первом послании к Коринфянам, 3:1–3, апостол Павел пишет:

> *«И я не мог говорить с вами, братия, как с духовными, но как с плотскими, как с младенцами во Христе. Я питал вас молоком, а не [твердою] пищею, ибо вы были еще не в силах, да и теперь не в силах, потому что вы еще плотские. Ибо, если между вами зависть, споры и разногласия, то не плотские ли вы, и не по человеческому ли [обычаю] поступаете?».*

Если вы принимаете Иисуса Христа, то получаете право называться Божьим чадом, и с этого момента ваше имя записано в Книгу жизни на Небесах. Однако вы пока младенец во Христе, потому что еще не полностью восстановили утерянный Божий образ.

По этой причине необходима особая забота о тех, кто находится на первом и втором уровне веры. Им нужно преподавать Божье Слово и их нужно ободрять, что можно сравнить с кормлением младенца молоком. Именно поэтому людей на первом или втором уровне веры называют христианами, питающимися «молоком». Когда их вера возрастет, они начнут понимать Божье Слово и самостоятельно повиноваться ему.

Тогда таких верующих буду называть христианами, питающимися «твердой пищей». Вот почему христианин, питающийся «молоком» на первом или втором уровне веры, должен изо всех сил стараться стать христианином, вкушающим «твердую пищу».

Однако необходимо помнить, что вы не в состоянии заставить себя перейти от жизни христианина, питающегося «молоком», к уровню христианина, питающегося «твердой пищей». Если вы так поступите, то пострадаете от «несварения желудка», как младенец, которого преждевременно накормили твердой пищей. Поэтому будьте мудры, когда вы духовно опекаете свою супругу, ребенка или какого-либо человека, имеющего начальный уровень веры.

Сначала постарайтесь поставить себя на их место и, вместо того чтобы обвинять или наказывать за слабую веру, которая является следствием их упрямых сердец или непослушания, начните направлять их к возрастанию в вере и познанию Живого Бога. Бог не наказывает людей на первом или втором уровне веры, даже если они не соблюдают святой день Господень или не живут точно по Слову. Он понимает их ситуацию и с любовью наставляет их. Таким образом, нам нужно уметь различать уровни веры

– как собственной, так и других людей, и действовать согласно мере веры каждого.

Христиане, питающиеся «твердой пищей»

Если вы стремитесь к праведной христианской жизни, то Бог защищает вас от многих скорбей и испытаний, даже если вы находитесь на первом или втором уровне веры. Но это не значит, что нужно оставаться на втором уровне веры и не надо стремиться укреплять ее. Родители беспокоятся, когда их дети не развиваются должным образом, и счастливы, когда они растут нормально. Божье чадо должно усердно возрастать в своей вере с помощью Слова и молитвы.

С одной стороны, в определенное время Бог допускает трудности, преодоление которых должно поднять вас на третий уровень веры. Он благословляет не только ростом веры, но также и многим другим. Чем больше препятствий вы преодолеваете, тем большими будут Божьи благословения.

С другой стороны, если вы, например, находитесь на третьем уровне веры, но живете согласно первому или второму уровню, Бог дает испытания в качестве наказания, для того чтобы вы потом получили новые благословения. Представьте ребенка, который испытывает недостаток в сбалансированных питательных веществах, потому что постоянно пьет только молоко, не потребляя других продуктов питания. Если он будет питаться одним молоком, то может заболеть от недоедания или даже умереть.

Родители, естественно, стараются кормить своего ребенка разнообразными продуктами.

Таким же образом, когда Божьи дети знают Его Слово, но идут по пути смерти, не повинуясь Ему, Бог, Который через Своего Сына Иисуса Христа хочет обрести истинных детей, допускает в их жизни испытания: под натиском обвинений сатаны разбиваются их сердца.

Бог так обращается со своими детьми: *« ”…Ибо Господь, кого любит, того наказывает; бьет же всякого сына, которого принимает”. Если вы терпите наказание, то Бог поступает с вами, как с сынами. Ибо есть ли какой сын, которого бы не наказывал отец?»* (Посл. к Евреям, 12:6-7).

Если Божье дитя грешит, но Бог не наказывает его, это свидетельствует о том, что человек отдалился от Божьей любви. Наибольшей из всех трагедий окажется та, что он попадет в ад, потому что Бог больше не принимает его в качестве Своего чада.

Поэтому, если, совершая грех, вы подвергаетесь Божьему наказанию, следует помнить, что это свидетельство Его любви, и полностью раскаяться в содеянном. Если Бог не наказывает вас, несмотря на то, что вы совершили грех, тогда необходимо покаяться и попробовать получить прощение. Вы можете быть прощены, когда не только на словах покаетесь, но и не будете грешить.

Подлинное покаяние со слезами происходит не по воле человека, а по Божьей милости. Поэтому вы должны искренне попросить Бога, чтобы Он дал благодать покаяния, сопровождаемого плачем. Если на вас сойдет Его благодать, вы исповедуете свои грехи со слезами и плачем, и тогда произойдет покаяние, сокрушающее ваше сердце. Только тогда будет разрушена стена грехов, которая отделяла вас от Бога, а ваше сердце станет обновленным и чистым.

Вас наполнит Святой Дух, а также радость и благодарность, что является свидетельством того, что связь с Богом восстановлена. Если вы находитесь на третьем уровне веры, но ваше поведение соответствует второму уровню, вам будет трудно получить веру свыше, которая сможет решить ваши проблемы. Когда данная Богом вера не приходит к вам, практически невозможно исцелиться от болезней, и вы даже можете начать искать решения проблем земными способами. Однако если вы полностью покаялись в своих грехах, до слез, и отвратились от пути греха, вера третьего уровня быстро восстановится.

Если вы поняли этот принцип роста веры, то не должны довольствоваться своим настоящим уровнем. Так же, как ребенок рождается, растет, потом идет в начальную школу, затем в среднюю, высшее учебное заведение или колледж и так далее, вам нужно изо всех сил стараться расти в вере, вплоть до достижения самой высокой меры веры.

На втором уровне ваша вера быстро возрастет с помощью Святого Духа, потому что, даже будучи только с горчичное зерно, она уже посеяна и начинает расти. Другими словами, ваша вера возрастет, чтобы помочь вам повиноваться Божьему Слову, поскольку вы вооружаетесь Его Словом, внимательно слушаете его, посещая каждое богослужение, и постоянно молитесь.

Применяйте Божье Слово не только как знание, но исполняйте Его, вплоть до пролития крови, и достигайте более глубокой веры. Я молюсь об этом во имя нашего Господа!

Глава 6

Вера, которая живет Словом

М е р а   В е р ы

«Итак всякого, кто слушает слова
Мои сии и исполняет их,
уподоблю мужу благоразумному,
который построил дом свой на камне;
и пошел дождь, и разлились реки,
и подули ветры, и устремились на дом тот;
и он не упал, потому что основан был на камне».

(Евангелие от Матфея, 7:24-25)

Мера веры у всех разная. Вера — это дар от Бога, обретенный в той степени, в какой вы исполняете истину в сердце. Когда вера-знание преобразуется в данную Богом веру, вы будете в состоянии получить от Него ответы.

В предыдущих главах уже говорилось, что, находясь на первом уровне веры и получив спасение, вы принимаете Святой Дух, а ваше имя заносится в Книгу жизни на Небесах. Затем между вами и Богом устанавливаются отношения, которые позволяют вам называть Его: «Боже, Отец мой».

Ваша вера будет возрастать, у вас появится интерес к исполненному Святым Духом Божьему Слову и появится желание повиноваться ему. Однако вы не сможете подчиняться всему, что говорится в Слове. Вы почувствуете бремя и не получите ответ на каждую просьбу. Эта стадия, как было сказано, соответствует второму уровню веры.

Как вы сможете достигнуть третьего уровня веры, на котором удастся жить Словом? Какой будет христианская жизнь на третьем уровне веры?

1. Третий уровень веры

Когда кто-либо принимает Господа и исполняется

Святым Духом, в его сердце зарождается семя веры величиной всего с горчичное зерно. Если семя веры растет, то сначала достигает такого уровня, на котором вы пробуете повиноваться Слову, и затем более высокого уровня, на котором вы повинуетесь ему.

Сначала вы не повинуетесь большинству из того, что говорит Слово, хотя слушаете его, но с ростом веры вы понимаете Его глубже и больше исполняете. По этой причине «веру послушания» называют «верой, позволяющей понять».

Понимание Слова отличается от восприятия Его только как знания. Старание повиноваться Слову только потому, что Библия — Божье Слово, сильно отличается от добровольного повиновения Слову, когда вам понятно, почему вам следует подчиняться.

Повиновение Слову через понимание

Вот такой пример. Предположим, что вы слушали проповедь, в которой говорилось следующее: «Если вы соблюдаете святой день Господень и жертвуете десятину, Бог удалит от вас всевозможные скорби и испытания. Он исцелит вас от всех болезней. Он благословит вашу душу и дарует вам финансовые благословения».

Если вы думаете, что знаете Слово, прослушав проповедь, но сердцем так и не приняв услышанное, то и в жизни вы не всегда будете повиноваться Слову. Нельзя избирательно, в зависимости от вашей ситуации и того, насколько вас устраивает заповедь, проявлять послушание Слову Божьему.

И пока вы не достигнете совершенной веры в Слово, вы будете так поступать.

Однако если вы начинаете понимать Слово и от всего своего сердца верить ему, то станете соблюдать святой день Господень, отдавать десятину полностью и ни при каких обстоятельствах не пойдете на компромисс.

Предположим, что президент компании сообщил своим служащим, что всем работающим сверхурочно он заплатит дополнительно и повысит в должности. Если бы выход на сверхурочную работу зависел от каждого служащего, что бы они сделали, если доверяют обещанию президента?

Они, конечно, начали бы работать сверхурочно. Обычно требуется несколько лет, для того чтобы продвинуться в компании, и требуется приложить большие усилия, чтобы сдать экзамены на повышение в должности. Учитывая это, никто из сотрудников компании не откажется от работы в сверхурочное время ночью один раз, целый месяц или дольше.

Это так же верно в отношении Божьего повеления святить день Господень и давать десятину. Если вы искренне верите обещанию Бога о соблюдении святого дня Господня и жертвовании десятины, как вы поступите?

Послушание приносит благословения

Когда вы святите день Господень, то подтверждаете Божье владычество. Вы признаете, что Бог — Господь духовного царства. Именно поэтому, если вы святите день Господень в течение недели, Бог защищает вас от всевозможных бедствий и несчастных случаев и благословляет вашу душу. Вы также признаете владычество Бога, принося Ему десятину, так как соглашаетесь с тем, что все, существующее на Небе и на земле, принадлежит Богу.

Поскольку Бог — Творец всего, сама жизнь исходит от Него, и силы, которые вы прилагаете в своей деятельности, тоже дает Всевышний. Другими словами, все принадлежит Господу. В этом смысле, весь ваш доход принадлежит Богу, Он позволяет вам возвращать Ему только десятину, а остальное оставлять себе.

В Книге пророка Малахии, 3:8-9, напоминается: «*Можно ли человеку обкрадывать Бога? А вы обкрадываете Меня. Скажете: "чем обкрадываем мы Тебя?" десятиною и приношениями. Проклятием вы прокляты, потому что вы — весь народ — обкрадываете Меня*».

С одной стороны, вы находитесь под проклятием, если совершаете серьезный грех, лишая Господа десятины, а с другой стороны, если вы отдаете Богу всю десятину, согласно Его повелению, то всегда пребываете под Его защитой и получаете благословения: «*Мерою доброю, утрясенною, нагнетенною и переполненною...*» (От Луки, 6:38).

Правильное понимание приводит к повиновению

Только если вы понимаете истинное значение Слова, а не просто храните его как знание, вы сможете повиноваться Ему и получить благословения от Бога, Который вознаграждает вас в соответствии с тем, что вы совершили.

Однако, если вы не понимаете истинного значения Слова, вы не сможете полностью повиноваться, даже если стараетесь, потому что для вас оно так и остается просто знанием.

Соответственно, вам следует стремиться взращивать свою веру. Ребенок умрет, если его не кормить. Ему необходимо регулярно принимать пищу, двигаться, смотреть, слушать, учиться у родителей и других людей. В результате этого процесса ребенок приобретает знание и мудрость, он растет и становится зрелым человеком. Аналогичным образом верующие должны не только слушать Божье Слово, но также стараться постигнуть его истинное значение.

Если вы молитесь, чтобы следовать Божьему Слову, то сможете понять его значение и обрести силу для послушания. Например, в Первом послании к Фессалоникийцам, 5:16–18, Бог говорит: *«Всегда радуйтесь. Непрестанно молитесь. За все благодарите: ибо такова о вас воля Божия во Христе Иисусе»*. Люди второго уровня веры, обладающие чувством долга, готовы просить, благодарить и сохранять свою радость, потому что это является Божьим повелением. Все же они не испытывают радости, когда оказываются в трудных ситуациях, потому что стараются повиноваться Слову только из чувства долга.

Люди, находящиеся на третьем уровне веры, могут следовать Слову, потому что стоят на камне веры. Они понимают, почему им нужно всегда благодарить, почему они должны постоянно молиться и всегда быть радостными.

Такие люди постоянно и от всей души испытывают радость и благодарность и непрерывно молятся при любых обстоятельствах.

Почему Бог повелевает вам все время радоваться? Каково истинное значение этой заповеди? Если вы радуетесь только в том случае, когда с вами происходит что-то хорошее, и не испытываете радости, когда в вашу жизнь приходят скорби или волнения, вы ничем не отличаетесь от людей из мира, которые не верят в Бога.

Они ищут мирского, потому что не знают, откуда приходит человек и куда он идет. Поэтому они радостны только тогда, когда их жизнь заполнена приятными и счастливыми событиями. Иначе они чувствуют отчаяние и испытывают волнение, беспокойство, горе или боль, которые приносит этот мир. В отличие от них верующие могут жить совсем по-другому, потому что у них есть надежда на Небеса.

Нам, верующим, не надо беспокоиться или тревожиться, потому что наш истинный Отец — Бог, Который создал небеса и землю, управляет всем, включая и человеческую историю. Почему мы должны волноваться или бояться? И поскольку мы уверены, что в будущем нас ожидает наслаждение вечной жизнью в Небесном Царстве, у нас нет другого выбора, кроме как радоваться.

Вера, ведущая к послушанию Слову

Если вам действительно понятно Божье Слово, вы сможете радоваться даже тогда, когда кажется, что нельзя радоваться, сможете благодарить, когда вам трудно благодарить, и молиться, когда вы не расположены к молитве. Только в этом случае от вас отойдет ваш враг дьявол, скорби и трудности оставят вас, а проблемы решатся, потому что с вами Всемогущий Бог. Если вы утверждаете, что верите во Всемогущего Бога, но все еще чувствуете волнение или не испытываете истинную радость, когда сталкиваетесь с проблемой, вы — на втором уровне веры.

Однако если вы понимаете Божье Слово, испытываете истинную радость и благодарность, то находитесь на третьем уровне веры, на котором происходит следующее: вы стараетесь служить другим людям и любить их, ненависть уходит, а ваше сердце постепенно начинает заполнять духовная любовь, дающая способность любить своих врагов. Это связано с тем, что теперь вам действительно понятна любовь Господа, который понес тяжелый крест ради грешников.

Нечестивые грешники распяли Иисуса, оскорбляли и недостойно с Ним обращались, хотя Он совершал только хорошие дела и был непорочен. Он не испытывал ненависти к тем, кто Его распинал, оскорблял или высмеивал, но молился Богу о прощении для них. В конце Своего земного пути Иисус проявил большую любовь, пожертвовав ради грешников Своей Собственной жизнью.

Вы, возможно, ненавидели тех, кто причинял вам боль или без всякой причины клеветал на вас, прежде чем поняли безграничную любовь Иисуса. Однако теперь вы понимаете, что ненавидеть нужно не людей, а их грехи. Кроме того, вы не завидуете тем, кто работает усерднее или лучше вас, а вместо этого радуетесь за них и любите их во Христе. Вы, возможно, сомневались в Божьем Слове или, когда услышали его впервые, судили о нем в соответствии с собственными представлениями, но теперь вы радостно принимаете Слово, не сомневаясь и не оценивая его. На третьем уровне веры вы исполняете все заповеди Божьего Слова.

Божье вознаграждение требует веры, сопровождаемой делами

До встречи с Господом в течение семи лет я страдал от всевозможных заболеваний и получил прозвище Склад болезней. Я прилагал все усилия, для того чтобы исцелиться, но все было напрасно, и день за днем мои болезни прогрессировали. По-видимому, их невозможно было вылечить медицинскими средствами, поэтому мне не оставалось ничего другого, кроме как ждать смерти.

В один прекрасный день я мгновенно исцелился Божьей силой и ко мне вернулось здоровье. Благодаря этому чудесному исцелению, я встретил Живого Бога, и с тех пор, всем сердцем и без сомнения, верю Ему и целиком полагаюсь на Слово Библии. Я безоговорочно повиновался каждому Божьему Слову.

Я все время испытывал радость, несмотря на трудности, и в любых сложных ситуациях возносил благодарность, потому что Бог повелел мне это в Библии. Самым большим удовольствием для меня были воскресные богослужения и молитвы; я даже отказался от очень выгодной работы и отправился на стройку, потому что собирался соблюдать день Господень.

Я испытывал радость и благодарность за то, что Бог стал моим Отцом. Он пришел ко мне, когда я был готов умереть из -за многих серьезных болезней; кроме того, я был очень признателен Всевышнему за Его невероятную благодать. Я продолжал молиться и поститься, чтобы полностью жить в соответствии с Божьим Словом. Я услышал голос Бога, призывающего меня стать Его служителем.

С послушным сердцем я решил стать Его преданным слугой, и сегодня служу Ему как пастор. От всего сердца я всегда благодарю моего Отца Небесного – преклоняю ли я колени, чтобы помолиться Ему, иду ли по улице или с кем-нибудь разговариваю. Также я всегда от всей души радуюсь. Волнения и скорби встречаются на пути каждого верующего. У меня, старшего пастора церкви, в которой 100 000 членов, много работы и обязанностей. Я должен обучать многих служителей Божьих, чтобы выполнить данную Богом работу и исполнить всемирную миссию, ведя многих людей к Господу. Замыслы дьявола и уловки для препятствия к достижению планов Всевышнего приносят трудности и испытания. Снова и снова возникает много того, на что можно жаловаться, о чем просить и беспокоиться, и если бы меня захватило все это или возник страх, то, скорей всего, я бы не выдержал.

Однако я никогда не сдавался, меня не побеждали волнения и неприятности, потому что мне стала ясна Божья воля. Я благодарил Его и радостно молился, как бы ни были

велики мои испытания и скорби, так что Бог всегда
действовал в моей жизни во благо и все больше благословлял
меня.

2. Пока не будет достигнут камень веры

Если вы начнете смотреть на все без веры, через призму
страха и беспокойства, то это только повредит как вашему
духу, так и здоровью. Если вам понятно духовное значение
Божьего Слова, которое говорит нам: *«Всегда радуйтесь.
Непрестанно молитесь. За все благодарите: ибо такова о
вас воля Божия во Христе Иисусе»*, то вы в любых
ситуациях сможете от всего сердца возносить благодарность.
Потому что вы будете тверды в вашей вере, угождая этим
Богу, любя Его и получая от Него ответы. Это ключ к
решению всех ваших проблем, обретению Его
благословения и изгнанию врага -дьявола и сатаны.

Предположим, что какая-то женщина живет вместе со
своей невесткой и они не ладят друг с другом. Им известно,
что необходимо любить друг друга и жить в мире. Что же
происходит, если одна из них обвиняет другую или держит
на нее зло? Они не могут решить ни одного вопроса.

Если свекровь клевещет на свою невестку другим членам
семьи и соседям, а невестка плохо отзывается о своей
свекрови при разговорах с людьми, споры и конфликты не
закончатся, а дома не будет мира. Что произойдет, если они
раскаются в своих прегрешениях, постараются понять и
простить друг друга и обретут взаимную любовь? В доме

наступит мир. Свекровь станет говорить о своей невестке хорошее, при ней или когда она отсутствует, а невестка, в свою очередь, будет от всего сердца хвалить и уважать свою свекровь. Какими мирными и полными любви будут эти отношения! Именно такое поведение угодно Богу.

Начальная стадия третьего уровня веры

Причина, по которой некоторые люди не способны повиноваться Слову, даже если они знают, что оно истинно, заключается в том, что в них еще много неправды, противоречащей Божьей воле и подавляющей голос Святого Духа. Поэтому, входя в начальную стадию третьего уровня веры, вы начинаете бороться против грехов, вплоть до пролития крови (Посл. к Евреям, 12:4).

Чтобы отвергнуть грехи, вам нужно стремиться к сильной молитве, сопровождаемой постом, поскольку Иисус сказал нам: «... *Сей род не может выйти иначе, как от молитвы и поста*» (От Марка, 9:29). Только тогда вы получите достаточную силу и Божью благодать, чтобы жить в соответствии с Божьим Словом. Таким же образом, если вы находитесь на третьем уровне веры, вы будете стараться отвергнуть то, что Бог велит отвергнуть, и поступать так, как Он поведал в Библии.

Подразумевается ли, что каждый, кто святит день Господень и жертвует десятину, пребывает на третьем уровне веры? Нет, это не так. Некоторые посещают богослужение по воскресеньям и жертвуют десятину из лицемерия. Эти люди поступают так из-за страха испытаний и скорбей, которые могут обрушиться на них в результате невыполнения этих заповедей, или из желания услышать отзыв о себе как о хороших служителях и Божьих слугах.

Если вы поклоняетесь Богу в духе и истине, вкус Его Слова будет для вас слаще меда. Посещая богослужение без искреннего желания, люди чувствуют утомление от проповеди и думают: «Скорее бы это богослужение закончилось...». Это говорит о том, что хоть вы и пребываете в святилище Бога, ваше сердце находится в другом месте.

Если вы посещаете богослужение, но в своем сердце любите мир, нельзя считать, что вы соблюдаете святой день Господень, потому что Бог видит сердце тех, кто истинно поклоняется Ему. В этом случае вы все еще находитесь на втором уровне веры, несмотря на то, что отдаете десятину.

Мера веры у каждого человека будет разной, хотя они могут находиться на одном уровне веры. Если совершенная мера каждого уровня веры равна 100 процентам, ваша вера постепенно возрастает от меры в 1 процент к мере в 10, 20, 50 процентов и так далее – к 100 проц. на каждом уровне веры. Если ваша вера поднимается до меры в 100 проц., это возвышает уровень веры.

Предположим, что мы разделили меру второго уровня веры на проценты – от 1 до 100 процентов. Поскольку ваша вера почти достигает меры в 100 проц. на втором уровне, вы можете перейти на третий уровень веры. Таким же самым образом, если ваша вера возросла до меры 100 проц. в третьем уровне, вы — на четвертом уровне. Вам необходимо уметь проверять уровень веры, на котором вы находитесь в настоящее время, и то, насколько высоко вами пройден данный уровень.

Камень веры

Если ваша вера покрывает больше 60 процентов третьего уровня, про вас скажут, что вы стоите на камне веры. В Евангелии от Матфея, 7:24-25, Иисус говорит нам: *«Итак всякого, кто слушает слова Мои сии и исполняет их, уподоблю мужу благоразумному, который построил дом свой на камне; и пошел дождь, и разлились реки, и подули ветры, и устремились на дом тот; и он не упал, потому что основан был на камне».*

Слово «камень» в данном случае относится к Иисусу Христу (1-е посл. к Коринфянам, 10:4), а камень веры подразумевает твердую опору на истину, на Иисуса Христа. Соответственно, если вы стоите на камне веры, перейдя 60-процентный рубеж третьего уровня, вы не падаете духом перед лицом скорби и испытаний. Вы до конца повинуетесь Божьей воле, потому что продолжаете твердо стоять на камне веры, как только понимаете, что это является правильным путем или волей Господа.

Поэтому вы в состоянии всегда вести победоносную жизнь, воздавать славу Богу и не будете обмануты врагом – дьяволом и сатаной. Кроме того, радость и благодарность всегда переполняют ваше сердце, несмотря на всевозможные испытания и скорби. Вы ощущаете мир и покой от постоянной молитвы.

Предположим, что в результате дорожного

происшествия ваш сын чуть не погиб. Несмотря на эту очевидную трагедию, вы проливаете слезы благодарности, вы испытываете радость, потому что твердо стоите в истине. Даже если в результате несчастного случая вы получили травму, вас не захлестнет недовольство против Бога: «Почему Бог не защитил меня?». Напротив, вы будете Его благодарить за то, что Он сохранил вашу жизнь вообще.

На самом деле, тот факт, что наши грехи прощены и нам открыт путь на Небеса, достаточен для того, чтобы неустанно благодарить Бога. Даже если вы станете калекой, это не может воспрепятствовать пути на Небеса, потому что в Небесном Царстве ваше несовершенное тело преобразуется в небесное.

Другими словами, нет никакой причины жаловаться или грустить. Конечно, Бог всегда защитит вас, если у вас такая вера. Даже если Он допускает в вашей жизни травму во время дорожного происшествия, через это вы можете получить благословения, поскольку по вашей вере вы в состоянии полностью исцелиться.

Жизнь победы на камне веры

Несмотря на то, что на ранней стадии третьего уровня веры у людей есть желание повиноваться Слову, порой они радостно подчиняются ему, а порой слушаются неохотно. Это вызвано тем, что они еще не освящены полностью и в их сердцах происходит конфликт между истиной и ложью.

Например, вы служите другим людям и стараетесь не испытывать к ним негативных чувств, потому что Бог учит вас отвергать ненависть и любить даже своих врагов. Тем не менее, даже если внешне выглядит так, что вы служите другим людям с любовью, вы все еще можете чувствовать себя отягощенным этой ношей, потому что не любите их от всего сердца. Однако, если вы твердо стоите на камне веры, ваш враг – дьявол и сатана – не преуспеет в искушении и не причинит вам вреда, потому что вы имеете сердце истины, чтобы следовать за желанием Святого Духа. Вам нечего бояться, так как вы живете в силе Всемогущего Бога.

Подобно тому, как молодой Давид, движимый верой, смело сказал великану Голиафу: «*...Это война Господа, и Он предаст вас в руки наши*» (1-я кн. Царств, 17:47), вы также сможете смело исповедовать свою веру, поскольку Господь дает победу по вере вашей. Ничто не может препятствовать или мешать вам, потому что Всемогущий Бог — ваш помощник.

Если у вас близкие взаимоотношения со Всевышним и вы любите Его, вы получите ответы на свои просьбы в тот момент, когда вы просите Его с верой. Но это не относится к людям, которые редко молятся и не имеют общения с Богом. Когда они оказываются перед проблемами, им очень трудно получить ответы от Бога, хотя они заявляют: «Без сомнения, Бог даст мне нужное решение». Создается впечатление, что они ждут, что яблоко упадет само. Вот почему нам следует непрерывно молиться.

Как достичь камня веры

Боксеру нелегко стать чемпионом мира. Такая награда

требует непрерывных усилий, терпения и строгой самодисциплины. Сначала новичок проигрывает поединки из-за недостатка практического навыка.

Тем не менее, непрерывно тренируясь и оттачивая свое мастерство, боксер может, по крайней мере, один раз ударить своего противника, даже если перед этим пропустил два или три удара. Если он терпеливо улучшает свои навыки, прилагая все больше усилий, то станет выигрывать больше поединков, а его уверенность возрастет.

Точно так и студент, который силен в изучении английского языка, не может дождаться урока, а, дождавшись, полностью окунается в процесс обучения. Напротив, студентам, которые плохо знают английский язык, во время урока будет, вероятно, скучно и трудно.

То же самое относится к духовной битве против дьявола. Если вы на втором уровне веры, Святой Дух внутри вас ведет самую жестокую битву против греха, потому что два желания имеют одинаковую силу. Это похоже на соревнование между двумя людьми, у которых равная сила и уровень подготовки. Если один из них наносит удар, другой ему отвечает. Если он бьет пять раз, другой столько же ударов наносит в ответ. То же самое в отношении духовной войны против дьявола. Иногда вы побеждаете дьявола, иногда получаете от него удары.

Однако если вы продолжаете молиться и стараетесь повиноваться Слову, не разочаровываясь, Бог изольет Свою благодать и силу, и Дух Святой поможет вам. В результате в вашем сердце появятся желания Святого Духа, а вера будет постоянно возрастать к третьему уровню.

Как только вы выходите на третий уровень веры, желания плоти значительно уменьшаются, и жить по вере становится легче. Когда вы непрерывно молитесь, поскольку так говорится в Слове, вам понравится молиться Богу. Если сначала вы могли пребывать в молитве, самое большее, в течение десяти минут, вы сумеете продлить это время до двадцати минут, потом до тридцати, и еще через какое-то время вы сможете молиться не менее двух или трех часов.

Тем, кто недавно в вере, непросто молиться больше десяти минут, потому что у них нет достаточного количества просьб, которые требуют внимания, из-за чего молящиеся чувствуют себя обремененными молитвой и завидуют людям, которые могут обращаться к Богу, не испытывая затруднений. Если вы продолжаете терпеливо вопрошать и делаете это от всего сердца, вам будет дана сила свыше, чтобы молиться в течение нескольких часов в день. Бог даст вам Свою благодать и силу на молитву, если вы стараетесь непрерывно обращаться к Нему. Таким образом, благодаря непре рывной молитве ваша вера становится зрелой. Когда вы достигнете более высокой меры веры в пределах третьего уровня, ваша вера станет непоколебимой и не позволит свернуть направо или налево во время испытаний и скорбей.

Больше, чем камень веры

Если вы стоите на камне веры, Бог решает ваши проблемы и отвечает на ваши просьбы. Вы будете слышать голос Святого Духа, радоваться и благодарить при любых обстоятельствах, как повелевает Бог; непрестанная молитва сделает вас бдительными, потому что вы пребываете в Слове, записанном в шестидесяти шести книгах Библии.

Если вы являетесь служителем, старейшиной, пастором или руководителем церкви, но не слышите голоса Святого Духа, вам следует знать, что вы еще не стоите на камне веры. Это не значит, что голос Святого Духа верующие слышат, только находясь на камне веры.

Даже новообращенные в вере способны воспринимать Его голос, когда, изучая Слово Божье, исполняют его. Благодаря повиновению Слову, новообращенным в вере не требуется много времени, для того чтобы возрасти от первого уровня меры веры до камня веры. С тех пор как я принял Господа, в моем сердце начало открываться понимание Божьей благодати. Я старался повиноваться Слову по мере его изучения.

Я смог слышать голос Святого Духа и быть под Его водительством, потому что искренне повиновался Слову и был готов с радостью отдать за Господа свою жизнь, если нужно. Мне потребовалось три года, для того чтобы ясно услышать голос Святого Духа. Вы можете, конечно, слышать Его голос через год или два, если внимательно читаете Божье Слово и повинуетесь ему.

Все же, независимо от времени пребывания в вере, вы не услышите голос Святого Духа, если живете своими собственными представлениями, не повинуясь Слову. Некоторые верующие говорят так: «Раньше Святой Дух наполнял меня и у меня была добрая вера. Я активно служил в церкви. Но моя вера ослабла, когда другой член церкви стал для меня духовным преткновением». О таком человеке нельзя сказать, что у него была добрая вера и он старательно служил церкви.

Кроме того, если бы у таких людей действительно была вера, они бы не столкнулись с другим человеком и не оставили бы свою веру. Они поступили таким образом, потому что их вера была плотской, без дел, даже если они имели знание Слова Божьего.

Мы не должны быть настолько неразумными, чтобы уходить из церкви после выяснения отношений с некоторыми членами церкви. Очень грустно, если вы предаете Бога, который искупил ваши грехи и даровал истинную жизнь, чтобы вернуться в мир, который ведет к вечной смерти. И все это из-за того, что вы поссорились со служителем, руководителем, братом или сестрой в церкви!

Если вы лицемерно молитесь только с той целью, чтобы показать себя в качестве усердно молящегося верующего или же чувствуете недовольство и вражду к тем, кто клеветал или сплетничал о вас, следует признать, что вы далеки от камня веры. Если вы стоите на камне веры, то не будете испытывать враждебности к людям, а начнете с любовью и со слезами молиться о них.

За годы своего служения с 1982 года я оказался свидетелем совершенно недопустимых вещей и событий в церкви. Некоторые служители и члены церкви были настолько нечестивы, что не заслуживали прощения, с человеческой точки зрения. Однако я никогда не чувствовал к ним ненависти или враждебности. Ожидая их изменения, я старался видеть в них хорошие и привлекательные черты характера вместо нечестия.

Таким образом, если вы имеете полную меру третьего уровня веры и твердо стоите на Божьем Слове, то вы сможете полностью повиноваться Слову и наслаждаться свободой, которую вам дает Слово истины. Вот тогда вы всегда будете испытывать радость, постоянно благодарить и непрерывно молиться. Вы никогда не потеряете чувство благодарности и не будете печалиться. Вы будете твердо стоять на камне веры, не колеблясь и не сворачивая в сторону.

3. Борьба с грехом, вплоть до пролития крови

В сердцах тех, кто находится на втором уровне веры, желания Святого Духа ведут битву против желаний греховной природы. Все же люди на третьем уровне веры вытесняют стремления плоти и ведут победную жизнь в Слове, потому что они следуют за Святым Духом.

На третьем уровне веры легко вести жизнь во Христе, потому что вы уже научились отвергать дела плоти, с которыми приходилось бороться на втором уровне. Если вы выходите на третий уровень веры, то сражаетесь против греха, глубоко укоренившегося в вашей плоти, даже до пролития крови.

Когда вы достигаете полной меры третьего уровня, ваши мысли не подчиняются греховному разуму, но вы полностью повинуетесь Слову и наслаждаетесь свободой, потому что избавились от желаний плоти.

Значение усмирения плоти

Если вы любите Бога и повинуетесь Его Слову, вам не потребуется много времени, для того чтобы мера вашей веры поднялась от второго к третьему уровню. И наоборот, если вы регулярно ходите в церковь, но не стараетесь повиноваться Слову, вы не будете возрастать в вере, и вам придется оставаться на прежнем уровне.

То же самое происходит, если семя долго не сажать в землю. Если семя долго не попадает в землю, оно погибает. Ваш дух может расти, когда вы понимаете Божье Слово и повинуетесь ему. Необходимо изо всех сил стараться понимать Слово и повиноваться ему так, чтобы у вас на душе было хорошо. Когда семя посеяно, оно легко дает росток.

Однако этот росток может умереть, если вдруг пойдет сильный дождь, или его затопчут люди. По этой причине нужно тщательно ухаживать за молодым побегом. Таким же образом люди на третьем уровне веры должны заботиться о тех, кто находится на первом или втором уровне, помогая другим возрастать в вере.

Если вы стремитесь в вере уподобиться мощному дереву, то, выходя на третий уровень, вы не падаете, несмотря на трудные и суровые испытания или бедствия, которые могут встретиться на вашем жизненном пути. Нелегко вырвать с корнем большое дерево, потому что оно посажено глубоко в землю, хотя его ветви можно согнуть или сломать. Когда вы сталкиваетесь с испытаниями или трудностями, может создаться впечатление, что вы близки к падению, но вы восстанавливаете свои силы и продолжаете расти в вере, потому что вашу, глубоко укорененную, веру нельзя поколебать ни при каких обстоятельствах.

Неустанные усилия для обретения полной меры веры

Требуется долгое время, чтобы дерево начало плодоносить и стало большим деревом, на котором могут отдыхать птицы. Несложно поднять веру со второго уровня до третьего, если вы примете твердое решение это сделать. Однако требуется намного больше времени, чтобы вырастить веру от третьего к четвертому уровню. Чтобы повиноваться Слову, которое записано в шестидесяти шести книгах Библии, необходимо слушать Божье Слово и понимать его в духе, но за короткое время понять совершенную волю Бога Отца нелегко.

Например, даже если в начальной школе учащийся превосходит по знаниям других, он не может поступить в колледж или управлять своим собственным бизнесом сразу после окончания начальной школы.

Правда, встречаются способные люди, которые, сдав в юном возрасте серьезные экзамены, учатся в колледже, в то время как другим приходится сдавать вступительные экзамены несколько лет подряд, прежде чем их зачислят в высшее учебное заведение. Так же происходит и с достижением четвертого уровня веры: насколько быстро вы его достигнете – зависит от ваших усилий. Конечно, самый важный фактор – сосудом какого размера вы являетесь. Стараний маленького сосуда будет недостаточно для совершенствования в вере и перехода к более высокому уровню, несмотря на то, что он понимает Слово и имеет веру и надежду на Небеса.

Большой же сосуд, понимает то, что является правильным, совершает верные поступки, продолжает стремиться к поставленной цели, пока не достигнет ее. Вы должны понять, насколько это важно – прикладывать все усилия, вплоть до пролития крови, для борьбы со своими грехами, чтобы как можно скорее подняться в вере от третьего к четвертому уровню.

Исполнять свои обязанности, отрешившись от грехов

В то время как вы боретесь против своих грехов, не нужно пренебрегать Богом данными обязанностями. Например, со времени основания церкви у нас долго служила старшая дьякониса. Она и ее муж страдали от серьезных заболеваний, поэтому пришли в мою церковь. Я молился за них, и они исцелились.

С тех пор женщина была здорова и старалась поднять меру своей веры, но полностью не выполняла обязанности старшей дьяконисы. Она не стремилась бороться с грехами, вплоть до пролития своей крови, и в ее сердце все еще оставалась порочность, хотя она продолжала ходить в церковь и слушала Слово Божье в течение 15-ти лет. Ее дела и слова свидетельствовали о том, что она находится на втором уровне веры.

К счастью, за несколько месяцев до своей смерти она духовно пробудилась и очень хотела угодить Богу, она стала разносить бюллетени церковных новостей. Я трижды молился о ней, и в короткое время ей был дарован третий уровень веры. Вы не только должны бороться с грехами до пролития своей крови, отбросив всякое нечестие, но также от всего сердца выполнять Богом данные обязанности так, чтобы достигнуть более высокой меры веры.

Очень трудно самостоятельно отвергнуть свои грехи, но если вы получаете с Небес Божью силу, это сделать намного легче. Я желаю вам стать мудрыми христианами и помнить, что Его сила сходит на тех, кто не только избавляется от грехов и зла, борясь с ними до пролития крови, но также исполняет Богом данные обязанности. Я прошу об этом во имя нашего Господа.

Вера, которая превыше всего любит Бога

«Кто имеет заповеди Мои и соблюдает их,
тот любит Меня; а кто любит Меня,
тот возлюблен будет Отцем Моим;
и Я возлюблю его и явлюсь ему Сам».

(Евангелие от Иоанна, 14:21)

Так же, как вы поднимаетесь по лестнице, так и в вере, шаг за шагом, вы должны подниматься от одного уровня до другого, пока не достигнете полной меры веры. В Первом послании к Фессалоникийцам, 5:16–18, апостол Павел пишет: *«Всегда радуйтесь. Непрестанно молитесь. За все благодарите: ибо такова о вас воля Божия во Христе Иисусе»*. Степень послушания этой заповеди различна, в зависимости от меры веры каждого человека.

Когда вы сталкиваетесь с серьезными проблемами, то, даже находясь на третьем уровне веры, вы, порой, чувствуете некоторое сомнение и скептицизм. В этот момент вы выражаете радость и благодарность через силу, неискренне, потому что вы еще не поняли сердца Бога.

Однако если вы твердо стоите на камне веры, который глубоко укоренен в третьем уровне меры веры, вы чувствуете радость и благодарность, несмотря на испытания и трудности. Кроме того, если вы достигаете более высокой меры веры – четвертого уровня, – ваше сердце всегда будет исполнено радостью и благодарностью. Вот почему на четвертом уровне веры в минуты испытаний и трудностей человек не печалится, не раздражается, но смиренно рассуждает: «Правильно ли я поступил?». В результате, каждый, кто достиг четвертого уровня веры, на котором он способен превыше всего любить Господа, процветает во всех своих делах.

1. Четвертый уровень веры

Когда верующие говорят: «Мой Господь, я люблю Тебя», то признания людей, находящихся на втором или третьем уровне веры, очень отличаются от признаний верующих, достигших четвертого уровня. Потому что сердце, сдержанно любящее Господа, отличается от сердца, любящего Его превыше всего остального. В книге Притчей, 8:17, Господь обещает нам: «*Любящих меня я люблю, и ищущие меня найдут меня*», то есть те, кто превыше всего любят Господа, могут получить все, о чем ни попросят.

Любовь к Господу превыше всего остального

Отцы веры, которые превыше всего любили Бога, были исполнены радостью и искренней благодарностью, даже если им приходилось страдать за то, что они не совершали. Например, пророк Даниил с верой благодарил Бога и молился Ему, несмотря на то, что из-за интриг нечестивых людей его бросили в львиный ров.

Бог был доволен его верой и послал Своего ангела, чтобы закрыть пасти львам и защитить Даниила, который прославил Бога (Кн. пророка Даниила, 6:10–27).

В другое время три друга Даниила свидетельствовали царю Навуходоносору о своей вере в Бога, хотя и понимали, что могут быть преданы смерти за это. Их должны были бросить в раскаленную печь, потому что они не поклонились золотому истукану.

В Книге пророка Даниила, 3:17-18, они говорят: *«Бог наш, Которому мы служим, силен спасти нас от печи, раскаленной огнем, и от руки твоей, царь, избавит. Если же и не будет того, то да будет известно тебе, царь, что мы богам твоим служить не будем и золотому истукану, которого ты поставил, не поклонимся».*

Эти люди твердо верили Богу, Который может все, и признавали, что ради Него готовы пожертвовать своей жизнью, даже если Он не спасет их от огня раскаленной печи.

Они были верны своему долгу, не прося ничего взамен, не жаловались Богу, несмотря на то, что столкнулись со смертельной опасностью. Они могли радоваться и возносить благодарность за Божью благодать, потому что им было хорошо известно, что они попадут на Небеса, в объятия любящего Отца, даже если сгорят дотла в раскаленной печи. По вере этих людей, Бог защитил их от огня, и ни один волос на их головах не обгорел. Став свидетелем удивительного знамения, царь сильно удивился, воздал славу Богу и возвысил трех друзей Даниила. Вот еще один пример.

Когда апостолы, Павел и Сила, путешествовали с места на место, проповедуя Евангелие, нечестивцы жестоко избили их и бросили в темницу. Ночью они воздали хвалу и благодарность Богу, и внезапное землетрясение распахнуло тюремные двери (Деяния, 16:19–26).

Предположим, что вы, подобно отцам веры, несправедливо пострадали. Сможете ли вы от всего сердца радоваться и благодарить? Если вы расстраиваетесь, сердитесь или раздражаетесь, то вам следует понять, что вы далеки от камня веры. Если вы поднялись на камень веры, то от всей души будете радоваться и благодарить, несмотря на скорби и испытания, которые встречаются на вашем пути, потому что вам понятно провидение Бога. Если вам причиняют боль несправедливые страдания, то для этого должна быть причина. Однако благодаря тому, что с помощью Святого Духа вы способны точно определить эту причину, вы можете радоваться и испытывать благодарность.

Вспомним Давида, самого великого царя Израиля. Из-за восстания, которое поднял его сын Авессалом, царя Давида сместили с трона, и, сбежав, он жил без пищи и крыши над головой. Помимо смещения с трона, Давиду пришлось перенести унижение от простолюдина по имени Семей, который бросал в него камни и проклинал его. Один из слуг Давида попросил у царя разрешения убить Семея, но Давид отклонил его просьбу, сказав: *«Оставьте его, пусть злословит, ибо Господь повелел ему»*.

Однако во время испытаний Давид ни разу не произнес ни слова жалобы. Любя Бога и доверяя Ему, он постился и оставался твердым в вере. Посреди таких испытаний Давид писал прекрасные и успокаивающие слова хвалы, как в Псалме 22-ом.

Таким образом, Давид всегда верил, что Бог действует для его блага, даже когда он находился в затруднительных и трагических ситуациях, потому что он всегда понимал Божью волю и со слезами радости благодарил Его.

После того как Давид прошел все испытания, он стал царем, которого Бог очень любил. Кроме того, во время его правления Израиль стал настолько сильным государством, что соседние страны приносили ему дань. Бог во всем действовал во благо царя Давида и даровал ему благословения по его вере.

Повинуйтесь Господу радостно, с искренней любовью

Предположим, что мужчина и женщина должны скоро вступить в брак. Они так сильно любят друг друга, что чувствуют готовность при необходимости пожертвовать жизнью ради друг друга. Каждый из них хочет отдать другому все, что может, всегда угождать друг другу, даже в ущерб себе. Они стремятся как можно дольше и чаще проводить время вместе. Такие люди не обращают внимания на погоду, даже если идут вместе в снег и ветер. Они не чувствуют усталости, несмотря на то, что целую ночь разговаривали друг с другом по телефону.

Таким же образом, если вы любите Господа превыше всего, подобно тому, как эта будущая супружеская пара любит друг друга, если вы полностью полагаетесь на Бога, вы окажетесь на четвертом уровне веры. Как вы сможете показать Ему свою любовь теперь? Каким образом Господь измеряет вашу любовь к Нему?

В Евангелии от Иоанна, 14:21, Иисус говорит нам: «*Кто*

имеет заповеди Мои и соблюдает их, тот любит Меня; а кто любит Меня, тот возлюблен будет Отцем Моим; и Я возлюблю его и явлюсь ему Сам».

Если вы любите Его, то должны исполнять Божьи заповеди. Это и есть свидетельство вашей любви к Господу. Если вы истинно любите Бога, вы со всей очевидностью ощутите его присутствие. И наоборот, если вы не повинуетесь Его повелениям, вам трудно обрести милость, одобрение или благословения Бога.

Истинно ли вы любите Господа? Если это так, то вы конечно же будете повиноваться Его заповедям и поклоняться Ему в духе и истине. Во время проповеди вы не заскучаете и не заснете. Как вы можете утверждать, что любите человека, если засыпаете, когда он с вами разговаривает? Если вы по-настоящему любите кого-то, даже звук голоса этого человека будет для вас источником большой радости.

Таким же образом, если вы испытываете истинную любовь к Богу, то будете совершенно счастливы и радостны, когда услышите Его Слово. Если вы чувствуете сонливость или скуку, из этого ясно, что вы не любите Бога. В Первом послании апостола Иоанна, 5:3, нам напоминают: *«Ибо это есть любовь к Богу, чтобы мы соблюдали заповеди Его; и заповеди Его не тяжки».*

Действительно, тем, кто любит Бога, нетрудно следовать Его заповедям. Потому что легко и не тягостно исполнять Его повеления, если исполняешь их с верой и истинной любовью. А если вы выйдете на четвертый уровень веры, то будете с радостью повиноваться каждому Божьему Слову, потому что будете любить Его так же сильно, как супруг, который любит свою жену и который хочет дать ей все, о чем она попросит, и сделает все, что она пожелает.

Лукавый не прикасается к вам

Те, кто любят Господа превыше всего, становятся полностью освященными и всецело повинуются Слову. Об этом написано в Первом послании к Фессалоникийцам, 5:21-22: *«Все испытывайте, хорошего держитесь. Удерживайтесь от всякого рода зла».*

Как Бог вознаграждает вас, когда вы не только отвергаете грехи, борясь с ними до пролития крови, но также «удерживаетесь от всякого рода зла»? Как Он являет вам Свою любовь? Бог дает много обетований тем, кто достигает святости и чистоты, потому что Он вознаграждает в соответствии с тем, что вы сеете.

В Первом послании апостола Иоанна, 5:18, написано: *«Мы знаем, что всякий, рожденный от Бога, не грешит; но рожденный от Бога хранит себя, и лукавый не прикасается к нему».* Человеку необходимо родиться от Бога. Вы станете человеком духа, стремясь жить в соответствии с Божьим Словом и отбросив пороки. Если вы перестанете совершать грехи, борясь с ними до пролития крови, нечестивый враг дьявол больше не сможет вредить вам, потому что Бог защищает вас.

В Первом послании апостола Иоанна, 3:21-22, говорится: *«Возлюбленные! если сердце наше не осуждает нас, то мы имеем дерзновение к Богу, и, чего ни попросим, получим от Него, потому что соблюдаем заповеди Его и делаем благоугодное пред Ним».* Сердце не осуждает вас в том случае, если вы угождаете Богу, не только повинуясь Его заповедям, но также «удерживаясь от всякого рода зла».

Вы уверены в Боге и получаете все, о чем молитесь. Бог никогда не обманывает и не меняет Своего мнения; Он исполняет то, о чем говорит и что обещает (Числа, 23:19). Таким образом, Он дает вам все, о чем вы просите, если вы любите Его превыше всего и становитесь освященными.

2. Душа преуспевает

Люди на четвертом уровне веры всегда живут по Божьему Слову, поскольку они веруют от всего сердца, и постоянно размышляют: «Что мне нужно сделать, чтобы угодить Богу?». За размышлениями конечно же следуют дела искреннего послушания. Потому что они любят Господа превыше всего.

В Третьем послании апостола Иоанна, 1:2, Бог обещает таким людям: *«Возлюбленный! молюсь, чтобы ты здравствовал и преуспевал во всем, как преуспевает душа твоя».* Что означают слова «преуспевает душа твоя»? Какие благословения ей предназначены?

Ваша душа преуспевает

Создав человека, Бог вдохнул в него жизнь, и он стал живым духом. Человек обладал духом, с помощью которого он мог общаться с Богом; душой, управляемой духом; телом, в котором пребывают дух и душа. И как живой дух он мог жить вечно (Бытие, 2:7; 1-е посл. Фессалоникийцам, 5:23).

Так же, как первый человек, Адам, который общался с Богом и полностью повиновался Его воле, так и каждый человек, чья душа преуспевает , может всем управлять и жить вечно.

Однако первый человек не подчинился Божьей заповеди и потерял все благословения, которые дал ему Бог. Господь повелел ему: «... *От всякого дерева в саду ты будешь есть, а от дерева познания добра и зла не ешь от него, ибо в день, в который ты вкусишь от него, смертью умрешь*» (Бытие, 2:16-17). Адам ослушался и вкусил от дерева познания. В конце концов живой дух, через которого поддерживалась связь с Богом, умер, и человек был изгнан из Эдемского сада.

В этом случае под словами «смертью умрешь» не подразумевается, что дух Адама угас. Но дух его утратил первоначальное назначение. Дух должен играть роль хозяина, но когда он умер, душа заняла его место. Первый человек, Адам, имевший живой дух, общался с Богом, который и есть Дух.

Дух Адама умер из-за непослушания, и в результате этого он больше не смог поддерживать связь с Богом. Адам стал человеком души, которая, в свою очередь, превратилась в хозяина, правящего человеком вместо его духа. Душа обращается к памяти и воскрешает различные воспоминания и мысли, которые хранит мозг. Человек души перестает зависеть от Бога, он полагается на человеческие знания и различные теории. Из-за постоянного воздействия сатаны на разум человека, то есть на его душу, люди стали неправедны и злы. Настолько, насколько человек наполнен злом, настолько и мир полон зла. Люди запятнали себя всевозможными грехами, поколения за поколениями продолжают развращаться.

Адам, будучи человеком духа, а также господином всей земли, наслаждался вечной жизнью, потому что в нем главенствовал дух, и он мог общаться с Богом. Когда в сердце Адама, которое прежде было исполнено только истиной, вошла тьма неповиновения, оно постепенно перешло под контроль врага сатаны, правителя сил тьмы.

В результате этого, потомки непослушного Адама встали в один ряд с животными, которые состоят из души и тела и не имеют духа. Люди начали отходить от истины, стали лгать, прелюбодействовать, ненавидеть, убивать, завидовать и ревновать, то есть делать то, что противоречит Божьему Слову (Кн. Екклесиаста, 3:18).

Однако Бог Любви открыл путь спасения через Своего Сына Иисуса Христа и даровал Святого Духа всем, кто принимает Иисуса Христа, с тем, чтобы их мертвый дух мог возродиться. Принимающие Иисуса Христа получают в дар Святого Духа, и мертвый дух в них возрождается. Если человек позволяет Святому Духу возродить себя, он постепенно становится человеком духа.

Такие люди могут наслаждаться всеми благословениями, как когда-то первый человек, Адам, который был живым духом. Это означает, что дух человека становится хозяином, а его душа теперь повинуется духу. Таков процесс роста вашей веры и преуспевания души.

Вы находитесь на первом уровне веры, когда принимаете Иисуса Христа и Святого Духа. В этом случае вы можете стоять на камне веры и жить только по Слову, ведя жесткую битву между духом, который подчиняется Духу Святому, и душой, исполняющей желания плоти. Если вы достигаете четвертого уровня веры, то становитесь святыми и похожими на Господа, потому что ваш дух становится хозяином.

Ваш дух управляет вашей душой

Когда ваш дух как хозяин управляет вашей душой, а душа повинуется в качестве слуги вашему духу, можно сказать, что ваша душа преуспевает. Тогда ваше сердце начнет уподобляться сердцу Господа, а ваши эмоции — Его чувствам, поскольку в Послании к Филиппийцам, 2:5, говорится: *«Ибо в вас должны быть те же чувствования, какие и во Христе Иисусе»*.

Когда ваш дух управляет душой, Святой Дух на сто процентов руководит вашим сердцем, потому что им управляет Божье Слово. В результате вы больше не полагаетесь на собственный разум. Другими словами, вы можете полностью повиноваться Божьему Слову, потому что отвергли все виды плотских мыслей, а ваше сердце само по себе становится истиной.

Таким образом, когда вы становитесь человеком духа и

вами управляет Святой Дух, вы способны избежать всевозможные скорби или испытания и при любых обстоятельствах можете оказаться вне опасности. Например, даже если произойдет стихийное бедствие или несчастный случай, вы услышите голос Святого Духа, который будет побуждать вас к тому, чтобы обойти опасное место и остаться невредимым.

Таким образом, когда ваша душа преуспевает, вы с послушным сердцем отдаете все в руки Господа. Тогда Он управляет вашим сердцем и умом, руководит вами на всех путях и благословляет хорошим здоровьем. В связи с этим во Второзаконии, 28:2-6, написано следующее:

> *«И придут на тебя все благословения сии и исполнятся на тебе, если будешь слушать гласа Господа, Бога твоего. Благословен ты в городе и благословен на поле. Благословен плод чрева твоего, и плод земли твоей, и плод скота твоего, и плод твоих волов, и плод овец твоих. Благословенны житницы твои и кладовые твои. Благословен ты при входе твоем и благословен ты при выходе твоем».*

Поэтому те, кто повинуются Божьему Слову и чьи души находятся в согласии с Ним, получат не только вечную жизнь на Небесах, но и будут благословлены здоровьем, материальными благами и потомством здесь, на земле.

У вас все может быть хорошо

Иосиф, сын Иакова, попал в отчаянную ситуацию: родные братья совсем молодым продали его в рабство, в результате чего он попал в Египет. Там Иосифа с позором посадили в тюрьму, хотя он не совершал ничего плохого. Попав в трудную ситуацию, Иосиф не разочаровался.

Он предал себя в руки Всемогущего Бога. Благодаря глубокой вере Иосифа, Сам Бог управлял всеми событиями в его жизни и приготовил ему все, в чем тот нуждался. В жизни Иосифа все сложилось очень хорошо: он с почетом был назначен на должность премьер-министра Египта.

Несмотря на то, что Иосиф попал в Египет и с юности был рабом у египтянина, позже он стал правителем всего Египта и смог спасти свою семью и жителей Египта от засухи, продолжавшейся в течение семи лет. Кроме того, Иосиф создал в той стране условия для жизни народа Израиля. Сегодня на земле живет больше шести миллиардов человек.

Более одного миллиарда верит в Иисуса Христа. Если среди одного миллиарда христианского населения есть Божьи дети, непорочные и безупречные, то насколько же их любит Бог! Он всегда с ними и обильно благословляет их. Когда Его детей ожидают трудности, Он побуждает их сердца избегать сложных ситуаций или направляет их к молитве, принимает их молитву, избавляет их от проблем, потому что Он — справедливый Бог.

Несколько лет назад меня пригласили в Лос-Анджелес,

где я должен был выступить на конференции, посвященной евангелизации. Перед отъездом я почувствовал сильное побуждение от Бога помолиться о конференции. В течение двух недель я усердно молился в молитвенном доме в горах. Пока я не приехал в Лос-Анджелес, мне было не известно, почему Бог побудил меня молиться об этой конференции.

Дьявол подстрекал злых людей воспрепятствовать проведению конференции, поэтому ее чуть не отменили. Приняв мою молитву и молитву членов моей церкви, Бог заблаговременно разрушил все коварные замыслы. К моему приезду в Лос-Анджелес все было готово для конференции, которую мне удалось провести успешно и без всяких осложнений.

Кроме того, я смог воздать славу Богу, благословив муниципалитет Лос-Анджелеса. Администрация округа Лос-Анджелес впервые вручила почетное гражданство корейскому гражданину. Таким образом, тот, чья душа преуспевает, все поручает Богу.

Когда вы в молитве вручаете все в руки Бога, когда вы не зависите от своих мыслей, воли или планов, Бог управляет вашим разумом и ведет вас к успеху. Когда вы сталкиваетесь с трудностями, и даже в этой ситуации благодарите Его, твердо веря, что Он допускает это по Своей воле, Бог все устраивает вам во благо. Вы можете испытывать сложности, когда делаете что-то, опираясь на свой опыт, или когда хотите обойтись без Бога. Но даже в такие времена, если вы осознаете свою ошибку и каетесь, Он немедленно приходит на помощь.

Святой Дух полностью управляет вами

Если вы стоите на камне веры, то все сомнения уходят и вы твердо верите в Живого Бога и Его чудесные дела: Воскресение Господа и Его Второе пришествие, Сотворение всего из ничего и Его ответ на вашу молитву. Во время испытаний и скорбей вам остается только радоваться, просить и благодарить Бога, потому что вы уже перестали проявлять недоверие.

Тем не менее Святой Дух еще не управляет вашим сердцем на 100 процентов, так как вы не достигли полной меры освящения. Иногда вы не можете точно сказать, действительно ли слышите голос Святого Духа, и теряетесь, потому что внутри вас все еще остаются плотские мысли.

Например, вы молитесь об открытии своего бизнеса, и находится подходящее дело. Вы начинаете им заниматься, думая, что это является ответом на вашу молитву. Сначала бизнес кажется успешным, но позднее дела начинают идти все хуже и хуже.

Тогда вы понимаете, что слышали не голос Святого Духа, а просто послушались желания своего собственного разума. Те, кто стоят на камне веры, в большинстве случаев успешны, потому что осознают истину и живут Словом, но они еще не совершенны в вере, так как не вступили на уровень, на котором готовы полностью положиться только на Бога.

Что можно сказать о людях четвертого уровня веры? Если вы на четвертом уровне веры, ваше сердце наполнено Божьим Словом, жизнь соответствует ему, а истина пребывает в вашем теле и душе. Сердце ваше стало теперь сердцем духа, который полностью управляет вашей душой. Вы больше не живете по своим собственным представлениям, потому что отныне Святой Дух полностью управляет вашим сердцем. Ваши дела процветают, ибо Бог направляет вас, когда вы повинуетесь Ему, и Святой Дух руководит вами.

Если вы помолились о чем-либо, то терпеливо ждите стопроцентного водительства Святого Духа, тогда вас ждут процветание и успех, тогда вы не будете допускать ошибок. В книге Бытие, в главе 12-й, говорится о том, как Авраам повиновался Богу и оставил свою родную землю, несмотря на то, что и понятия не имел, куда следовало идти. Бог благословил его за послушание, сделал отцом веры и назвал Своим другом.

Когда Бог направляет ваши пути, нет причин для волнения. Вы можете наслаждаться благословениями, только если верите Богу и следуете за Ним, потому что Всемогущий Бог пребывает с вами.

Совершенные дела послушания

Если вы выходите на четвертый уровень веры, то радостно исполняете все заповеди, потому что любите Бога превыше всего. Вы не заставляете себя повиноваться Ему, вы делаете это от всей души, свободно и радостно, потому что любите Его. Я бы хотел привести пример, чтобы помочь вам лучше это понять.

Предположим, что у вас большой долг. Если вы не в состоянии его сразу же выплатить, вас должны, в соответствии с законом, наказать. Намного хуже, если в это же время кому-то из вашей семьи требуется срочная операция. Любой придет в уныние, если в такой неприятной ситуации не окажется денег.

Как вы отреагируете, если вдруг найдете на улице большой алмаз? Реакция человека будет зависеть от меры его веры. Если вы на первом уровне веры и едва обрели спасение, то можете подумать: «Теперь я смогу заплатить весь долг и покрыть медицинские расходы». Это вызвано тем, что вы еще не знаете хорошо Божье Слово. Вы оглянитесь вокруг, чтобы убедиться, что вас никто не видит, и подберете алмаз.

Если же вы на втором уровне веры, на котором стараетесь жить Словом, внутри вас начнется духовное противостояние желания плоти: «Это — Божий ответ на мою молитву» и Святого Духа: «Нет, это чужое. Ты должен вернуть алмаз владельцу».

Сначала вы можете начать сомневаться и раздумывать: взять ли его себе или отнести в полицию. Наконец вы решаетесь взять эту вещь и положить в карман, потому что зло внутри вас сильнее праведности. Если бы у вас не было никакого долга или такой отчаянной ситуации, вы могли бы какое-то мгновение поколебаться и отнести находку в полицию. Однако зло способно, в конечном счете, победить праведность, так как вы оказались в безвыходной ситуации.

Если вы на третьем уровне веры или стоите на камне веры, следуя желаниям Святого Духа, то отнесете алмаз в полицию, потому что обязаны вернуть его владельцу. Тем не менее, в душе вы можете подумать о драгоценном камне: «А

ведь я бы смог вернуть долг и заплатить за операцию!».
Значит, ваше действие еще несовершенно, потому что в вас
все еще остается неправедное желание.

Как бы вы действовали в подобной непростой ситуации,
если бы вы находились на четвертом уровне веры? Даже при
виде дорогостоящего драгоценного камня вы бы никогда не
подумали о своем собственном желании, потому что в вашем
сердце нет никакой неправды, и подобная мысль никогда бы
не пришла вам в голову. Вы проявите сочувствие к
владельцу: «Он, должно быть, очень расстроен! Он,
наверное, ищет этот алмаз. Сразу же отнесу его в
полицию!». Вы будете размышлять именно так и сдадите
алмаз в полицию.

Если вы превыше всего любите Господа и находитесь на
четвертом уровне веры, то всегда повинуетесь Божьему
Слову, независимо от того, над виду вы или нет, потому что
ваша жизнь подчинена Закону. В этой ситуации вам уже не
нужно будет стараться отличать голос Святого Духа от
голоса вашего собственного греховного разума. Но прежде
чем вы встанете на камень веры, у вас будет много
трудностей, потому что бывает очень нелегко отличить
собственные мысли от голоса Святого Духа.

И даже находясь на камне веры, человек порой не может
полностью различить их. Однако, как только вы достигаете
меры веры четвертого уровня, вы перестаете чувствовать
бремя, вы просто следуете за голосом Святого Духа, потому
что Он теперь полностью управляет вашим сердцем и
разумом.

На четвертом уровне веры вы не полагаетесь на

человеческий разум, мудрость или опыт, но полностью доверяетесь Господу. Вы будете радоваться благословениям «Иегова-ире» («Господь усмотрит») и будете уверены, что все в вашей жизни устроится самым лучшим образом.

3. Безусловная любовь к Богу

На четвертом уровне веры вы любите Бога безусловной любовью. Вы благовествуете или искренне несете другое служение только потому, что считаете это своим долгом, не ожидая за это особых благословений от Бога. То же самое происходит, когда вы служите ближнему с жертвенной любовью. Вы просто служите и не ждете какой-либо награды взамен, потому что очень любите этих людей.

Просят ли родители у детей вознаграждения за свою любовь? Никогда, потому что любовь — жертвенна. Родители просто благодарны и рады тому, что у них есть дети, которых они любят. Если же родители хотят, чтобы дети им подчинялись, или же воспитывают детей только для того, чтобы потом ими гордиться, они ждут вознаграждения за свою любовь. Точно так же дети ничего не требуют от своих родителей, если искренне их любят. Когда же они просто стараются исполнить свои обязанности, только чтобы угодить родителям, те начинают раздумывать: «Чем же нам отплатить за это?».

Если вы достигаете меры веры, в которой превыше всего любите Господа, то вы благодарите Бога за полученную благодать и спасение, и этот факт делает вашу любовь к Богу безусловной, потому что вы понимаете: отплатить Ему вы все равно никогда и ничем не сможете.

Если у вас есть вера и вы готовы без всяких условий любить Бога, вам следует молиться, работать и служить день и ночь для Божьего царства и Его праведности, не ожидая за это никакой награды.

С неизменным сердцем любить Бога

В Деяниях святых Апостолов, 16:19–26, говорится о Павле и Силе, которых схватили нечестивые люди и потащили на рыночную площадь, несмотря на то, что они делали добро, проповедуя Евангелие язычникам и изгоняя из них бесов. С апостолов сорвали одежды, жестоко избили палками и бросили в темницу. Их посадили во внутреннюю тюрьму, забив ноги в колоды. Как бы вы поступили, оказавшись на их месте? На первом или втором уровне веры вы могли бы жаловаться или стонать: «Боже, жив ли Ты? Мы до сих пор искренне работали для Тебя. Но почему Ты позволил посадить нас в тюрьму?».

На третьем уровне веры вы никогда не произнесете таких слов, хотя вы будете молиться в подавленном состоянии: «Боже, Ты видел, как нас унижали за распространение Твоего Евангелия. Нам было больно. Исцели нас, пожалуйста, и освободи!». Павел и Сила, однако, благодарили Бога и пели Ему хвалу, несмотря на то, что оказались в безнадежной ситуации, не зная, что их ожидает. Внезапно произошло очень сильное землетрясение, которое поколебало стены темницы. Все тюремные двери распахнулись и цепи ослабли. Произошло чудо, и, кроме этого, тюремщик и его семья приняли Евангелие Иисуса Христа и получили спасение. Люди на четвертом уровне веры могут незамедлительно воздать Богу славу, так как они обладают сильной верой, которая позволяет им радостно молиться и восхвалять Бога при любых испытаниях и скорбях.

Радостно повиноваться

В Бытии, в главе 22-й, Бог повелевает Аврааму принести своего единственного, обещанного ему Богом, сына Исаака в жертву. Чтобы принести Богу жертву всесожжения, нужно было разделить животное на части, поместить на жертвенник и сжечь. Аврааму потребовалось три дня, чтобы достичь земли Мориа, где он должен был принести в жертву Исаака в знак повиновения Божьей заповеди. Как вы полагаете, о чем думал Авраам в течение трехдневного странствия? Некоторые люди утверждают, что Авраам отправился туда с противоречивыми мыслями: «Должен ли я повиноваться Богу или нет?». Однако это было не так. Вам следует знать, что люди на третьем уровне веры стараются любить Бога, потому что они знают, что должны любить Бога.

Однако те, кто находятся на четвертом уровне веры, любят Его, не заставляя себя Его любить. Бог заранее знал, что Авраам с радостью будет повиноваться, и испытывал его веру. Но Бог не дает такие трудные испытания людям, которые не способны подчиняться Ему.

В подтверждение этому в Послании к Евреям, 11:19, говорится: «Ибо он думал, что Бог силен и из мертвых воскресить, почему и получил его в предзнаменование». Авраам радостно повиновался Божьему повелению, потому что верил, что Он способен воскресить его сына из мертвых. Авраам прошел испытание веры и получил великое благословение. Он стал отцом веры, благословением для всех народов; Библия его называет Божьим другом.

Если вы радостно повинуетесь Богу, то всегда будете благодарны и довольны, несмотря на испытания и скорби. Вы не можете не славить Бога от всей души и не молиться, потому что знаете, что верующему все содействует ко благу, а через испытания и преследования Бог благословит вас. Бог доволен вашей верой и дарует все, о чем вы просите.

Поэтому Иисус говорит нам в Евангелии от Матфея, 8:13: «...*Как ты веровал, да будет тебе*», и там же, 21:22: «...*И все, чего ни попросите в молитве с верою, получите*». Если у вас все еще есть просьба, которая осталась без ответа, это доказывает, что вы не доверяете Ему полностью и сомневаетесь. Достигайте уровня безоговорочной любви к Богу, от всего сердца радостно повинуясь Ему при любых обстоятельствах.

Все принимать с любовью и милосердием

Как вы поступите, если кто-то обвиняет и осуждает вас без всякой на то причины? Если вы на втором уровне веры, то не сможете этого выдержать и начнете сетовать или ссориться. Кроме того, если в мыслях ваших царит зло, то вы не сможете сдержаться и оскорбите обидчика. Верующим в Бога нехорошо гневаться, быть вспыльчивыми, оскорблять других, поскольку в Первом послании апостола Петра, 1:16, сказано: *«...Будьте святы, потому что Я свят».*

Как вы отреагируете, если находитесь на третьем уровне веры? Вам будет больно и неприятно, потому что сатана все-еще пытается влиять на ваши мысли. На этом уровне вы принимаете решение радоваться, но с трудом благодарите и не можете радоваться от всей души. А если вы на четвертом уровне веры, у вас даже мысли не возникнет, как себя вести, вы не почувствуете раздражения, несмотря на то, что кто-то ненавидит или преследует вас без всякой причины, так как вы отбросили зло. Иисус не чувствовал себя неловко или униженно, хотя Его оскорбляли, Ему угрожали, когда Он проповедовал Евангелие.

Люди бесчестили Его и высокомерно относились к Нему, но Иисус никогда не говорил: «Я не делал ничего, кроме добра, но нечестивцы преследовали Меня и даже пытались убить. Мне очень больно». Вместо этого Иисус проповедовал им Слово Жизни. И если вы пребываете на четвертом уровне веры, то уподобляетесь сердцу Господа. Теперь вы печалитесь и молитесь о тех, кто вас преследует, вы не испытываете к ним ненависти или враждебности. Вы прощаете и понимаете таких людей, принимая их с любовью и милосердием. Я надеюсь, что вы понимаете, что в одинаковых ситуациях вспыльчивые и ненавидящие других люди будут чувствовать себя ущемленными и угнетенными, а прощающие и принимающие других с любовью и милосердием не будут чувствовать боли, но будут побеждать зло добром.

4. Любить Бога превыше всего

Если вы достигаете уровня, когда вы любите Господа превыше всего, то полностью повинуетесь заповедям, а ваша душа процветает. Для вас становится естественным любить Бога превыше всего. Именно поэтому апостол Павел признавал в Послании к Филиппийцам, 3:7–9, что все, чем он владел, было ничтожным, и он оставил все, так как считал это «сором»:

> *«Но что для меня было преимуществом, то ради Христа я почел тщетою. Да и все почитаю тщетою ради превосходства познания Христа Иисуса, Господа моего: для Него я от всего отказался, и все почитаю за сор, чтобы приобрести Христа и найтись в Нем не со своею праведностью, которая от закона, но с тою, которая через веру во Христа, с праведностью от Бога по вере».*

Когда вы любите Бога превыше всего остального

В четырех Евангелиях Иисус рассказывает о благословениях, дарованных тем, кто отвергает все, что у них есть, и, подобно апостолу Павлу, превыше всего остального любят Бога. В Евангелии от Марка, 10:29-30, Иисус обещает дать нам в этом мире во сто раз большее благословение и вечную жизнь в грядущем веке:

> *«Истинно говорю вам: нет никого, кто оставил бы дом, или братьев, или сестер, или отца, или мать, или жену, или детей, или земли, ради Меня и Евангелия, и не получил бы ныне, во время сие, среди гонений, во сто крат более домов, и братьев и сестер, и отцов, и матерей, и детей, и земель, а в веке грядущем жизни вечной».*

Фраза «... кто оставил бы дом, или братьев, или сестер, или отца, или мать, или жену, или детей, или земли, ради Меня и Евангелия» духовно означает, что вы больше не желаете мирских вещей, прерываете чисто плотские отношения и превыше всего любите Бога, Который является Духом. Конечно, здесь не подразумевается, что не нужно любить других людей на том основании, что прежде всего необходимо проявлять любовь к Богу.

В Первом послании апостола Иоанна, 4:20-21, подчеркивается следующее: *«Кто говорит: "я люблю Бога", а брата своего ненавидит, тот лжец: ибо не любящий брата своего, которого видит, как может любить Бога, Которого не видит? И мы имеем от Него такую заповедь, чтобы любящий Бога любил и брата своего».*

Люди говорят, что их рождают родители. Человек формируется в чреве женщины после соединения спермы отца и яйцеклетки матери. Тем не менее и сперма, и яйцеклетка созданы Богом Творцом, а не родителями.

Кроме того, после смерти физическое тело превращается в горсть праха. Тело, фактически, только дом, в котором обитают дух и душа. Истинный хозяин человека — дух, и именно Бог управляет этим духом. Поэтому нам следует превыше всего остального любить Бога, если мы понимаем, что только Бог может дать нам истинную жизнь, вечную жизнь и Небеса.

Когда-то мне пришлось блуждать перед вратами смерти, потому что в течение семи лет я страдал от неизлечимых болезней. Когда я встретил Живого Бога, то чудесным образом полностью исцелился. С того времени я полюбил Его превыше всего остального, а Он даровал мне огромное благословение. Прежде всего я получил прощение всех своих грехов, спасение и вечную жизнь. Кроме того, у меня все пошло хорошо, и я наслаждался хорошим здоровьем, поскольку преуспевала моя душа. Позднее Бог призвал меня на служение, чтобы выполнить всемирную миссию, и даровал мне силы для этого.

Он открыл мне то, что грядет. Также Бог послал мне много хороших служителей и верных работников церкви и позволил моей церкви возрасти числом, чтобы я смог исполнить Божью волю. Он благословил меня любовью членов моей церкви и неверующих. Он привел мою семью к Себе, они теперь любят Его превыше всего. Он полностью защитил их от всех болезней и несчастных случаев: с тех пор как они уверовали в Господа, ни один из них больше не принимал лекарств и не лечился у врачей. Таким образом, Он благословил меня так, чтобы я ни в чем не испытывал недостатка.

Проявление духовной любви

Если вы превыше всего любите Бога, то живете в изобилии, потому что во всех обстоятельствах Он направляет вас и наполняет истинным счастьем вашу душу. В результате, вы делитесь переполняющей вас любовью с другими, потому что на вас нисходит духовная любовь. Вы в состоянии любить всех людей неизменной любовью, так как вы не помышляете никакого зла.

Что такое духовная любовь, объясняется в Первом послании к Коринфянам, 13:4–7:

«Любовь долготерпит, милосердствует, любовь не завидует, любовь не превозносится, не гордится, не бесчинствует, не ищет своего, не раздражается, не мыслит зла, не радуется неправде, а сорадуется истине; все покрывает, всему верит, всего надеется, все переносит».

Сегодня в мире конфликты, разногласия, споры и ссоры происходят между мужьями и женами, между членами семей, потому что у них нет духовной любви. Они не могут создавать и поддерживать добрые и мирные отношения, потому что каждый утверждает, что только он прав, и хочет, чтобы его любили.

Однако, когда люди начинают превыше всего любить Бога, они достигают духовной любви, отбрасывая любовь плотскую. Плотская любовь, преследующая свои интересы, изменчива. Духовная любовь скромно ставит других на первое место, ища выгоду для другого человека, а не свою собственную. Если вы обладаете духовной любовью, в вашем доме будут всегда царить счастье и гармония.

Чаще всего бывает, что члены вашей семьи или неверующие друзья не понимают вас, когда вы начинаете любить Бога (От Марка, 10:29-30). Но это быстро проходит. Если ваша душа преуспевает и вы достигаете четвертого уровня веры, непонимание преобразуется в благословения, и окружающие начинают вас любить, одобряют вас.

Во Втором послании к Коринфянам, 11:23-28, описывается жестокое преследование апостола Павла во время проповеди им Евангелия. Он трудился для Бога больше многих, и его чаще других заключали в темницу, бичевали более жестоко, неоднократно пытались убить. Однако Павел благодарил, радовался и никогда не жаловался.

Если вы достигаете четвертого уровня веры, когда вы превыше всего любите Бога, то, даже если вы пойдете «долиной смертной тени», это место может стать Небом, и преследование вскоре изменится на благословение, потому что с вами – Бог.

В Евангелии от Матфея, 5:11-12, Иисус говорит нам: *«Блаженны вы, когда будут поносить вас и гнать и всячески неправедно злословить за Меня. Радуйтесь и веселитесь, ибо велика ваша награда на небесах: так гнали [и] пророков, бывших прежде вас».* Вам следует понять, что, если вы проходите испытания и трудности из-за

Господа с радостью, то не только получите Божью любовь, признание и награду на Небесах, но и здесь, на земле, вы получите во сто крат больше.

Плод Святого Духа и Заповеди Блаженства

Достигнув четвертого уровня веры, вы приносите девять плодов Святого Духа, и исполнять Заповеди Блаженства становится для вас легко. В Послании к Галатам, 5:22-23, Павел пишет о девяти плодах Святого Духа: *«Плод же духа: любовь, радость, мир, долготерпение, благость, милосердие, вера, кротость, воздержание. На таковых нет закона».*

Плод Святого Духа — любовь к Иисусу Христу. Этой любовью мы подаем воду врагу, когда он жаждет, и пищу, когда он голоден. Когда вы приносите плод радости, на вас сходят истинные мир и счастье, потому что вы ищете и творите только благо и красоту.

Вы будете в мире со всеми, если приносите плод мира. Если имеете плод терпения, вы молитесь с благодарностью и радостью даже в испытаниях и скорбях. Плод благости поможет вам простить людям непростительные вещи, понять то, что нельзя понять, и заботиться о других так, чтобы они преуспевали больше вас. Имея плод милосердия, вы отвергнете зло, устремитесь к благу, вы не будете пренебрегать людьми или задевать их чувства.

С плодом верности вы полностью подчинитесь Божьему Слову и Господу, вы будете готовы отказаться от себя, потому что стремитесь к венцу жизни. Плод кротости позволит вам подставить левую щеку, когда вас бьют по правой, вы сможете относиться ко всем с любовью и милосердием. Наконец, благодаря плоду воздержания, вы, не упрямясь, без предубеждения, последуете предписанному Богом порядку, с радостью исполняя Божью волю. Кроме того, вы увидите, что в вашей жизни начнут осуществляться неизменные и вечные Заповеди Блаженства.

Когда вы в изобилии приносите плоды Святого Духа и обещанные блаженства приходят в вашу жизнь, вы приближаетесь к пятому уровню веры, где Бог дарует вам преуспевание и все, о чем вы помышляете.

Чтобы достигнуть вершины горы, вам нужно подниматься постепенно. Наверху вы почувствуете себя свежим и радостным, несмотря на то, что подъем в гору был очень трудным. Земледелец упорно трудится с надеждой на обильный урожай, поскольку верит, что соберет его в соответствии с вложенным трудом. Таким же образом мы можем собрать урожай Божьих благословений, если живем в истине.

Я желаю вам веровать и любить Бога превыше всего, избавляясь от своих грехов, старательно борясь с ними и живя по воле Божьей. Я молюсь об этом во имя нашего Господа!

Вера, угодная Богу

~

«Возлюбленные!

если сердце наше не осуждает нас,

то мы имеем дерзновение к Богу, и,

чего ни попросим, получим от Него,

потому что соблюдаем заповеди

Его и делаем благоугодное пред Ним».

(1-е послание Иоанна, 3:21-22)

~

Родители радуются и гордятся своими детьми, когда те повинуются, уважают и от всего сердца любят их. Таким детям родители не только дают то, о чем они просят, но также стараются выполнить все сокровенные желания детей, не спрашивая, а угадывая их потребность. Когда вы повинуетесь и угождаете Богу, то получаете от Него не только просимое, но и то, чего желает ваше сердце, потому что Господь очень доволен вашей верой и любит вас.

Действительно, нет ничего невозможного, когда у вас с Богом такие отношения. Теперь давайте поговорим о вере, которая угодна Всевышнему, и рассмотрим пути, с помощью которых мы можем этого достичь.

1. Пятый уровень веры

Вера, угодная Богу, глубже той веры, которая любит Бога превыше всего. Чем же является вера, которая угодна Господу? Вокруг нас есть семьи, в которых дети искренне любят своих родителей, повинуются их воле, понимают их сердца. Зная, какой любовью вы можете угодить своим родителям, вы поймете, что такое вера, угодная Богу.

Какая любовь может угодить Богу?

Героями корейских сказок часто бывают исполнительные сыновья, дочери или невестки. Их поступки выражают любовь, которая может растрогать Небо. Например, история о сыне, который заботился о своей престарелой больной матери.

Он прилагал усилия, чтобы его мать выздоровела, но ничего не помогало. Однажды сын услышал, что его больную старую мать можно вылечить кровью из его пальца. Сын, не раздумывая, порезал палец и дал ей свою кровь, и вскоре мать поправилась. Конечно, это древняя сказка, но в ней показывается, что жертвенная любовь сына и его открытость тронули Бога, и Он излил на него благодать. Корейская пословица гласит: «Искренность трогает Небеса».

Существует и другая история о сыне, который заботился о матери и отце, которые болели. Посреди зимы он пошел в горы, прокладывая путь через глубокий снег, чтобы найти редкое, таинственное растение и плод, которые, по словам людей, могли помочь его больным родителям. Есть еще одна история о муже и жене: они искренне заботились о своих старых родителях, давая им каждый день хорошую пищу, несмотря на то, что двое их детей часто недоедали.

Что происходит в наше время? Есть такие, кто прячет вкусную пищу от отцов и матерей, чтобы отдать детям. Они мало и с большим нежеланием помогают тем, кто дал им жизнь. Вы не назовете такую любовь настоящей, когда люди изливают ее на собственных детей, но забывают о своих родителях. Любящие своих родителей по-настоящему будут давать им хорошую пищу и, возможно, скроют, что их собственные дети недоедают. Вы смогли бы так жертвовать собой ради ваших родителей?

Нам следует различать сыновью и дочернюю любовь, которую дети проявляют с радостью и послушанием, от любви, которая угодна родителям. И в прошлом было нелегко найти детей, проявляющих угодную родителям любовь, а тем более трудно встретить ее проявления сегодня, потому что мир переполнен грехом и злом. Любовь, аналогичная родительской любви, считается наиболее возвышенной и красивой. Даже моя мать, которая очень любила меня, как-то сказала мне, горько плача: «Умри, и ты исполнишь свой сыновний долг», потому что в течение многих лет я болел, и не было никакой надежды на восстановление моего здоровья.

И все же, как Бог Любви проявляет Свою любовь к нам? Он даровал нам не только Своего Единородного Сына, позволив Ему умереть на кресте, чтобы открыть путь спасения и Небеса, но также и Свою бесконечную любовь. С тех пор как я встретил Бога, я всегда сердцем чувствовал и понимал Его огромную любовь и быстро возрастал к полной мере веры. Я начал любить Бога превыше всего и обрел угодную Ему веру.

Иметь веру, угодную Богу

В Псалме, 36:4, Бог обещает нам: *«Утешайся Господом, и Он исполнит желание сердца твоего»*. Если вы угождаете Богу, Он дает не только все, о чем вы просите, но также и то, о чем вы помышляете в сердце.

Когда я собирался открывать свою церковь, у меня было только десять американских долларов. И все же я с верой молился, и Бог благословил меня, позволив арендовать здание площадью в сто квадратных метров. Бог даровал духовное пробуждение в моей церкви и благословил меня «мерою доброю, утрясенною, нагнетенною и переполненною», когда в молитве дал мне с самого начала видение и мечту о всемирной миссии.

И вам все будет возможно, если ваша вера угодна Богу, и Иисус напоминает нам в Евангелии от Марка, 9:23: «...Если сколько-нибудь можешь веровать, все возможно верующему». В 28-й главе Второзакония говорится, что вы получите благословение при входе и при выходе, многим дадите взаймы, но сами ни у кого не возьмете в долг, а также Господь обещает сделать вас «главою, а не хвостом». Кроме того, вашу жизнь будут сопровождать знамения, как об этом сказано в Евангелии от Марка, в главе 16-й.

И в Евангелии от Иоанна, 14:12-13, Иисус обещает нам удивительные благословения. Давайте вместе прочитаем эти стихи, чтобы увидеть, какие благословения ожидают вас, когда вы в вере угождаете Богу: *«Истинно, истинно говорю вам: верующий в Меня, дела, которые творю Я, и он сотворит, и больше сих сотворит; потому что Я к Отцу Моему иду. И если чего попросите [у Отца] во имя Мое, то сделаю, да прославится Отец в Сыне».*

Благословения, данные Еноху

В Библии говорится об отцах веры, которые угождали Богу. Среди них был Енох. Как он угодил Богу и какие получил благословения, упомянутые в Послании к Евреям, в главе 11-й?

«Верою Енох переселен был так, что не видел смерти; и не стало его, потому что Бог переселил его. Ибо прежде переселения своего получил он свидетельство, что угодил Богу. А без веры угодить Богу невозможно; ибо надобно, чтобы приходящий к Богу веровал, что Он есть, и ищущим Его воздает» (ст. 5-6).

В Бытии, 5:21–24, Енох описывается как человек, который угождал Богу, потому что в возрасте 65-ти лет достиг освящения и был верен Богу во всем. Триста лет Енох ходил с Господом и не увидел смерти, потому что Бог забрал его. Господь так благословил Еноха, что теперь он пребывает у Божьего Престола, постоянно общаясь с Ним в любви.

Вы тоже можете попасть на Небеса, минуя смерть, если вера ваша угодна Богу. Пророк Илия не увидел смерти, но был взят на Небо, потому что угодной Богу верой свидетельствовал о Живом Боге и спас многих людей, являя им дела Божьей силы.

Вы верите, что Бог существует и вознаграждает тех, кто искренне ищет Его? Если у вас есть такая вера, значит, вы можете получить полное освящение и даже пожертвовать своей жизнью, чтобы выполнить Богом данные обязанности.

2. Вера, вплоть до самопожертвования

В Евангелии от Матфея, 22:37–40, Иисус повелевает нам следующее: «... *"возлюби Господа Бога твоего всем сердцем твоим, и всею душею твоею, и всем разумением твоим": сия есть первая и наибольшая заповедь; вторая же подобная ей: "возлюби ближнего твоего, как самого себя"; на сих двух заповедях утверждается весь закон и пророки».* Поскольку Иисус говорит, что Богу угодны любящие Его люди, угождайте Ему, не только любя всем сердцем, душой и разумом, но и проявляя любовь к своим ближним, как к самим себе. Эту угодную Господу веру можно назвать верой Христа, или совершенной духовной верой, потому что человек с такой верой непоколебим и готов пожертвовать жизнью ради Иисуса Христа.

Вера, вплоть до самопожертвования ради Божьей воли

Иисус полностью повиновался воле Всевышнего. Его распяли на кресте, Он стал первым из воскресших и теперь пребывает у Божьего Престола. Вера Иисуса выразилась в самопожертвовании и совершенном послушании. Бог свидетельствует о Нем: *«Сей есть Сын Мой Возлюбленный, в Котором Мое благоволение»* (От Матфея, 3:17; 17:5) и:

«Се, Отрок Мой, Которого Я избрал, Возлюбленный Мой, Которому благоволит душа Моя» (От Матфея, 12:18).

В истории церкви встречалось много героев веры, которые, по примеру Иисуса, беззаветно отдавали свою жизнь, демонстрируя угодную Богу веру. Помимо апостолов Петра, Иакова и Иоанна, которые все время следовали за Иисусом, другие ученики без малейшего колебания или отговорок отдавали свою жизнь во имя Иисуса Христа. Петра казнили, распяв головой вниз на кресте, Иакова обезглавили, а Иоанна варили в кипящем масле, но он не умер и его сослали на остров Патмос.

Восхваляя Бога, христиане шли на смерть в римском Колизее, где их бросали на растерзание диким зверям. Другие хранили свою веру, прячась в катакомбах, «подземном кладбище», никогда не видя солнечного света. Бог был доволен их верой, потому что они жили согласно Писанию, в котором сказано: «... *А живем ли — для Господа живем, умираем ли — для Господа умираем. И потому, живем ли, или умираем, — [всегда] Господни»* (Посл. к Римлянам, 14:8).

В 1992 году у меня открылось кровотечение из носа – из-за переутомления и недосыпания. Я был сильно обескровлен, и мое состояние перешло в критическое. Я начал терять сознание и был близок к смерти. Я понимал, что скоро буду в руках Иисуса, но все равно не желал обращаться за медицинской помощью.

Врача мы не вызывали, в больницу я не ложился и не принимал никаких лекарств, даже находясь перед лицом смерти, потому что верил во Всемогущего Бога, моего Отца. Моя семья и члены церкви тоже не уговаривали меня ложиться в больницу. Они очень хорошо меня знали и понимали, что я навсегда полностью вверил свою жизнь Богу, а не миру или человеку.

Несмотря на то, что я был без сознания из-за потери крови, мой дух благодарил Бога за то, что я был в руках Иисуса и был готов обрести вечный покой. Моей единственной надеждой была встреча с Господом Иисусом. Однако Бог дал мне видение и показал, что произойдет с моей церковью после моей смерти. Некоторые люди останутся, сохранив свою веру, в то время как многие вернутся в мир, отойдя от Бога и греша против Него.

Увидев все это, я не смог покоиться в объятиях Иисуса. Вместо этого я искренне попросил Бога укрепить меня, потому что почувствовал глубочайшую печаль о тех, кто идет в мир. Бог исцелил меня в тот раз. Он помог мне сразу встать с кровати, хотя я уже был почти мертв и кожа моя уже посинела.

После того как ко мне вернулось сознание, я увидел служителей церкви, плачущих от радости. Они стали свидетелями чудесного Божьего исцеления, когда мертвый человек вернулся к жизни. Бог доволен теми, кто доказывает свою веру, не щадя себя и отдавая свою жизнь, поэтому Он быстро отвечает на их молитвы. Благодаря мученикам ранней церкви, Евангелие быстро распространялось во всем мире. Даже в Корее Евангелие провозглашалось мучениками, проливавшими свою кровь за веру.

Вера полного повиновения Божьей воле

В Первом послании к Фессалоникийцам, 5:23, написано: *«Сам же Бог мира да освятит вас во всей полноте, и ваш дух и душа и тело во всей целости да сохранится без порока в пришествие Господа нашего Иисуса Христа».* Полнота духа — это состояние полного уподобления сердцу Иисуса Христа.

Человек полноты духа — это тот, кто живет только Божьей волей, потому что всегда может слышать голос Святого Духа. Сердце такого человека становится самой истиной — в нем полностью реализуется Божье Слово. Вы можете стать человеком духа и уподобиться Иисусу, когда полностью освящены, отвергли зло и боретесь с живущим в вас грехом.

Когда духовный человек продолжает насыщать себя Божьим Словом, истина полностью управляет не только его сердцем, но также всей его жизнью. Тогда вы способны назвать такую веру полной верой, или совершенной духовной верой Иисуса Христа.

Вы в состоянии достичь искренней веры, как описано в Послании к Евреям, 10:22: *«...Да приступаем с искренним сердцем, с полною верою, кроплением очистивши сердца от порочной совести, и омывши тело водою чистою».* Однако это не подразумевает, что вы можете стать равным Иисусу Христу, даже если вы уподобитесь Иисусу и у вас будет вера Христа. Предположим, что сын уважает своего отца и старается во всем быть похожим на него.

Он может добиться того, что характером или поведением

будет похож на отца, но он никогда не будет своим отцом. Вы никогда не станете таким же, как Иисус Христос. В Евангелии от Матфея, 10:24-25, Он установил следующий духовный порядок: *«Ученик не выше учителя, и слуга не выше господина своего: довольно для ученика, чтобы он был, как учитель его, и для слуги, чтобы он был, как господин его».*

Вспомним, какие отношения были между Моисеем, который вывел народ Израиля из Египта, и Иисусом Навином, который стал преемником Моисея и повел людей в Ханаан. Моисей разделил Красное море, иссек воду из скалы, но Иисус Навин совершил Божьих чудес не меньше Моисея. Он остановил течение реки Иордан, разрушил Иерихон, почти на целый день остановил солнце и луну. Однако Иисус Навин не превзошел Моисея, который видел Бога и разговаривал с Ним напрямую.

В физическом мире студент может превзойти своего учителя, но в духовном мире такое невозможно. Это вызвано тем, что духовное царство постигается только с помощью Бога, а не с помощью книг или человеческого знания. Нельзя превзойти своего духовного наставника, потому что он обрел Божью благодать и действует по благодати.

В Библии написано, что Елисей получил вдвое больше духовной силы, чем Илия, и совершил больше чудес, но он не превзошел Илию, который был живым вознесен на Небеса. Во времена ранней церкви Тимофей многое совершил ради Господа Иисуса Христа, но не мог превзойти своего учителя, апостола Павла.

Поскольку духовное царство безгранично, никто не может полностью понять его глубину самостоятельно. Вы можете познать его, только если Бог учит вас. Нам также неизвестна глубина океана, какие растения и животные водятся на его дне. А когда вы опускаетесь под воду, вы видите много красивых рыб и растений. И чем глубже вы исследуете тайны океана, тем больше они вам открываются. Чем больше вы входите в духовное царство, тем больше вы о нем узнаете.

Сам Бог учит меня и позволяет понимать духовное царство так, чтобы я мог достигнуть его глубин. Он также направлял меня к тому, чтобы я ощутил духовное царство на своем опыте. Господь ведет и учит меня мере веры и использует меня для того, чтобы направлять больше людей к достижению более глубокого уровня духовного царства. Я призываю вас тщательно исследовать себя и постараться обрести более зрелую веру.

3. Вера, дающая способность проявлять чудеса и знамения

Если вера ваша глубока и в вашем сердце укоренилась истина, то вы начнете больше молиться, стремясь жить по Божьей воле. Молиться нужно для того, чтобы получить силу для спасения многих душ, каждую из которых Бог считает драгоценнее всей Вселенной.

Почему Иисуса распяли? Он хотел спасти погибшие души, которые блуждают по пути греха, и сделать их

Божьими детьми. Почему Иисус произнес: «Жажду», когда находился на кресте в течение многих часов, истекая кровью под палящим солнцем? Иисус желал утолить не физическую жажду, которая у него была от потери крови. Он хотел утолить духовную жажду и заплатил за это Своей кровью. Это был страстный призыв к нам спасать погибшие души и направлять их в объятия Христа.

Спасение людей с помощью силы

При достижении пятого уровня веры, которая угодна Богу, человека искренне волнует, как привести людей к Отцу. Как расширять Божье Царство и являть праведность? Он старается это делать, старается угодить Богу, совершая и другие дела, кроме исполнения своих собственных обязанностей, порученных Богом.

Однако даже такой посвященный человек не способен угодить Богу, не обретя силу, как об этом написано в Первом послании к Коринфянам, 4:20: *«Ибо Царство Божие не в слове, а в силе».*

Как вы можете получить силу направлять людей на путь спасения? Вы получите ее, только непрестанно молясь. Спасение душ происходит не разговорами, знаниями, опытом или властью человека, а только силой, данной Богом. Поэтому люди на пятом уровне веры должны продолжать усердно молиться, чтобы получить силу, с которой они способны спасти как можно больше душ.

Царство Божье — вопрос силы

Однажды мне встретился пастор, который отличался не только кротостью своего сердца, но и старанием исполнять свои обязанности, молиться и жить в соответствии с Божьим Словом. Однако он не приносил достаточно плодов, как ему хотелось. В чем причина?

Если этот человек действительно любил Бога, он должен был предоставить весь свой разум, волю, жизнь и даже мудрость Всевышнему, но он этого не сделал. Ему следовало понять, что он сам все еще оставался хозяином своей жизни, вместо того чтобы позволить Богу руководить им. Господь не мог помочь ему, потому что, выполняя свои обязанности, этот пастор не полагался полностью на Бога, а рассчитывал на себя и свои знания. Поэтому, хотя он и видел некоторые результаты своих усилий, был не в состоянии явить такие Божьи дела, которые находятся за пределами человеческих возможностей.

Вот почему, служа Господу, вам следует молиться, слушать голос Святого Духа и позволять Ему направлять вас, вместо того чтобы полагаться на человеческий ум, знание и опыт. Только став человеком истины, полностью управляемым Святым Духом, вы испытаете удивительные чудеса, проявленные Его силой, сходящей свыше.

Когда же вы полагаетесь на человеческий разум и теории, даже если вам кажется, что вы знаете Божье Слово, вы молитесь и стараетесь выполнять свои обязанности, Господь не с вами, потому что с позиции Бога вы относитесь к Нему высокомерно. Вам необходимо полностью отвергнуть греховную природу и усердно молиться, чтобы стать совершенным духовным человеком и просить о Божьей Силе, понимая, почему апостол Павел признавал: «Я каждый день умираю».

Если вы молитесь по вдохновению Святого Духа

Каждый, кто принял Господа Иисуса Христа, должен молиться, потому что молитва — духовное дыхание. Все же на разных уровнях веры содержание молитвы различно. На первом или втором уровне веры человек молится главным образом о себе, и он не может сосредоточиться на молитве более десяти минут, потому что просьб у него немного.

Он не молится с верой от сердца, даже если просит о Божьем Царстве и его праведности. Однако на третьем уровне веры он уже молится не только о своих нуждах, но и о Божьем Царстве и его праведности.

Как он будет молиться, вступив на четвертый уровень веры? На этом уровне он молится только о Божьем Царстве и праведности, потому что такие верующие полностью отвергли дела и желания греховной природы. Ему не нужно молиться об избавлении от грехов, потому что он уже живет по Божьему Слову. Он просит у Бога не о своей семье или себе, но о спасении многих душ, о расширении Божьего Царства и праведности, он молится о церкви, церковных служителях и всех братьях и сестрах в вере. Он постоянно молится, так как ему хорошо известно, что нельзя спасти даже одну душу, не получив Божьей силы свыше. Он также горячо и от всей силы, от всего сердца, души, разума молится о Божьем Царстве и праведности.

Если он достигает пятого уровня веры, то обращается с молитвой, угодной Богу, с молитвой благодарения, которая способна вызвать сострадание самого Господа. В прошлом ему требовалось много времени, чтобы исполниться Святым Духом, но теперь он чувствует, что его молитва, вдохновленная Святым Духом, принята на Небесах в тот момент, когда он преклонил колени для молитвы. Молиться об избавлении от собственных грехов тяжело. Гораздо легче молиться с верой, горя любовью к Господу, и просить о том, чтобы Бог даровал вам Свою силу для спасения душ, и этим угодить Богу.

Удивительные знамения и чудеса

Когда человек продолжает усердно и с горячей любовью молиться, чтобы получить Божью силу, происходит много удивительных знамений и чудес. Это подтверждает то, что человек обладает верой, угодной Богу. Иисус, в течение Своего служения, совершил много и чудес, и знамений.

В Евангелии от Иоанна, 4:48, Он говорит: *«Вы не уверуете, если не увидите знамений и чудес»*. Иисус мог легко направить людей к тому, чтобы они обрели веру в Господа, свидетельствуя о Живом Боге, с помощью знамений и чудес.

И сегодня Бог также выбирает соответствующих людей и позволяет им являть знамения, чудеса и еще большие дела, чем те, которые совершал Иисус (От Иоанна, 14:12). В моей церкви тоже были проявлены неисчислимые знамения и чудеса.

Теперь, давайте, рассмотрим знамения и чудеса, происходящие через тех, кто имеет угодную Богу веру. Когда Божья сила, превосходящая способности человека, начинает проявляться, мы называем это «знамением». Слепой начинает видеть, немой говорить, глухие слышать, хромые ходить, короткая нога удлиняется, согнутая спина выправляется, а полиомиелит или церебральный паралич проходят – все это примеры таких знамений.

В Евангелии от Марка, 16:17-18, Иисус говорит нам о знамениях:

> *«Уверовавших же будут сопровождать сии знамения: именем Моим будут изгонять бесов; будут говорить новыми языками; будут брать змей; и если что смертоносное выпьют, не повредит им; возложат руки на больных, и они будут здоровы».*

Уверовавшие — это люди, имеющие веру Отца. Знамения, сопровождающие уверовавших, можно разделить на пять категорий. В следующей главе я подробно остановлюсь на этом. К «чудесам» относятся изменение погоды, которое включает движение облаков, позволяющее небесам изливать или останавливать дождь, перемещение небесных тел и другие подобные явления.

Согласно Библии, Господь послал гром и дождь во время молитвы Самуила (1-я кн. Царств, 12:18). Когда пророк Исаия призвал Бога, мы знаем, что Господь «... *возвратил тень назад на ступенях»* (4-я кн. Царств, 20:11). Также Илия «*... был человек, подобный нам, и молитвою помолился, чтобы не было дождя: и не было дождя на землю три года и шесть месяцев. И опять помолился: и небо дало дождь, и земля произрастила плод свой»* (Посл. Иакова, 5:17-18).

Бог Любви ведет людей к спасению, показывая им удивительные знамения и чудеса в материальном мире, через тех, кого Он считает готовыми к этому. Поэтому у вас должна быть твердая вера в Божье Слово, записанное в Библии, и желание достичь угодной Господу веры.

4. Быть верным во всем доме Божьем

Люди, которые находятся на первом или втором уровне веры, способны временно войти в состояние пятого уровня. Это объясняется тем, что они принимают Святой Дух и настолько наполняются Им, что не боятся даже смерти. Они полны благодарности, старательно молятся, возвещают Евангелие и посещают каждое молитвенное собрание. Такие люди получают все, о чем просят, потому что они на четвертом или пятом уровне веры, несмотря на то, что их пребывание на этом уровне временно. Когда они теряют полноту Святого Духа, то быстро возвращаются на прежний уровень.

Люди, находящиеся на пятом уровне веры, никогда не изменяются, потому что они всегда исполнены Святым Духом. Эти люди способны в совершенстве управлять своим разумом, в отличие от тех, кто находится на первом или втором уровне. Кроме того, они действительно угождают Богу, потому что всегда Ему верны.

В Числах, 12:3, о Моисее говорится: *«Моисей же был человек кротчайший из всех людей на земле»*, а в стихе 7-ом отмечено: *«...Но не так с рабом Моим Моисеем, — он верен во всем дому Моем»*. Из этого нам известно, что Моисей был на пятом уровне веры, на котором мог угодить Богу. Что означает «верен во всем дому Моем»? Почему Господь признает только тех, кто верен во всем доме Его, подобно Моисею и людям с верой, которая угодна Всевышнему?

Значение верности

Тот, кто верен во всем Божьем доме, обладает верой Христа или совершенной духовной верой. Такой верующий не полагается на свои мысли или разум. Поскольку в нем царит доброта и он имеет ум Христов, он уже не вступает в ссоры, не кричит, *«трости надломленной не переломит, и льна курящегося не угасит»* (От Матфея, 12:20).

Подобный человек распял плоть вместе с ее страстями и желаниями и готов исполнять свой долг. В нем нет «себя самого», он отверг все плотское, в нем есть только сердце Христа. Мирская слава, сила и богатство не волнуют его. Вместо этого его сердце переполняет надежда решить вопросы вечности. Он ищет, как обрести Божье Царство и его праведность, живя в этом мире, как стать достойным любви Господа — Отца на Небесах, как обрести счастливую жизнь в вечности и получить большие награды.

Такой верующий будет верно выполнять все свои обязанности, потому что из его сердца изливаются праведность и искреннее желание расширять Божье Царство. Если человек справляется только с порученным ему заданием, это просто выполнение его личных обязанностей.

Например, когда кого-то нанимают на работу, ему назначают заработную плату, объясняют круг обязанностей, и, если человек с ними справляется, это не значит, что он «верен во всем дому», даже если этот человек хорошо выполняет свою работу. «Быть верным во всем дому» – значит не только хорошо выполнять свою работу, но и стараться сделать сверх того, не скупясь на материальные затраты и невзирая на время.

Поэтому человека нельзя признать «верным во всем Божьем доме», даже если он отбросил грехи, борясь с ними до пролития своей крови, имея большую любовь к Господу, и целиком выполнил свои обязанности с освященным сердцем. Человека можно считать «верным во всем Божьем доме» только в том случае, когда он полностью освящен и очень хорошо выполняет свои обязанности за рамками своей ответственности, с верой Христа, которая смиренна до последнего своего часа.

Быть верным Богу во всем

Вы находитесь на четвертом уровне веры, превыше всего

любите Иисуса Христа и обладаете духовной любовью, описанной в главе 13-й Первого послания к Коринфянам; имеете плоды духа, о которых говорится в главе 5-й Послания к Галатам. К тому же вы способны достичь угодной Богу веры, исполняя Заповеди Блаженства из главы 5-ой Евангелия от Матфея, и верны во всем Божьем доме. Почему все это так?

Существует различие между любовью, являющейся плодом Святого Духа, и любовью, о которой говорится в Первом послании к Коринфянам, в главе 13-й. Любовь, о которой говорится в главе 13-й Первого послания к Коринфянам, является духовной, а любовь как плод Святого Духа — бесконечная любовь, данная для исполнения Закона. Любовь, как плод Святого Духа, охватывает более широкое понятие, чем любовь, описанная в Первом послании к Коринфянам. Другими словами, когда жертва Иисуса Христа, Который с любовью выполнил Закон и умер на кресте, соединяется с духовной любовью (1-е посл. к Коринфянам, 13), то такую любовь мы называем «плод Святого Духа».

Радость, духовное счастье и мир сходят на вас свыше, потому что внутри вас зрелая духовная любовь замещает собой плотские чувства. Если вы наполнены добром, помышляете только о благом, то вы будете радостны.

Вы не испытываете ненависти, так как в вас ее просто нет. Вы переполняетесь радостью, потому что предпочитаете служить другим, приносить им добро, помогать им. Хотя вы живете в этом мире, вы не стремитесь к плотским вещам, вместо этого вы уповаете на Небеса и размышляете о том, как расширить Божье Царство и его праведность, как угодить Богу, спасая больше людей. Вы обрели мир с ближними, потому что достигли истинного счастья, спокойствия духа.

И чем больше на вас нисходит радости, тем больше у вас возможностей делиться ею с близкими. Вы обрели терпение с надеждой на Небеса в такой степени, в какой вы в мире с другими людьми. Вы научились быть добрыми с другими людьми, потому что у вас есть столько же сострадания к ним, сколько и терпения. Вы обретете благодать, потому что не будете вступать в ссоры, кричать; «трости надломленной не переломите, и льна курящегося не угасите», если будете иметь благость. Люди, проявляющие добродетель, могут быть духовно верными, потому что они отвергли эгоизм.

Мера верности у верующих разная, она зависит от почвы сердца (От Матфея, 13: 3-8). Чем более кроток человек, тем больше мера его верности. Кротость человека проявляется в его верности во всем Божьем доме. Он преданно выполняет все свои обязанности дома и на работе, он верен и людям, и церкви. Моисей, например, который был кротчайшим человеком на земле, верно выполнял все порученные ему обязанности.

Разве можно достичь совершенства без самоконтроля? Чтобы быть верным во всем доме Божьем, надо обладать этим качеством. Оно уравновешивает человека во всех обстоятельствах. Без самоконтроля вы не сможете быть верным во всем Божьем доме, даже если у вас будут восемь других плодов Святого Духа.

Например, допустим, что у вас назначена встреча с

другом после собрания молитвенной ячейки. С вашей стороны было бы грубостью по отношению к своему другу опоздать или изменить время встречи, позвонив ему по телефону, не потому, что ваше собрание продлилось дольше обычного, а просто из-за того, что вы остались поболтать с людьми после собрания.

Таким же самым образом: как вы можете быть верны во всем Божьем доме, если не в состоянии сдержать небольшое обещание или выполнить какое-то обязательство, подобное этому, не имея самоконтроля? Вы должны понять, что проявите верность во всем доме Божьем только в том случае, если привнесете в свои жизни плод воздержания.

Духовная любовь, плод Духа и Заповеди Блаженства

Заповеди Блаженства сходят на вас в такой степени, в какой вы обладаете духовной любовью и плодом Святого Духа и применяете их в жизни. Заповеди Блаженства затрагивают характер человека, который можно сравнить с сосудом. Вы можете быть верны во всем Божьем доме только тогда, когда сосуд заполнят Заповеди Блаженства, и вы будете поступать только в соответствии с тем, что культивируете в своем сердце.

В корейской истории советники, верные царю, относились к каждому государственному делу как к своему личному вопросу. Они служили царям и помогали им сделать правильный выбор, даже если иногда это означало для них большие личные страдания или смерть. Они не только любили своих царей, но и всю страну так же, как они любили себя, и вели себя соответственно.

Одни проявляли верность ценой собственной жизни. Другие советники, которые тоже были верны своим царям, уходили в отставку и жили в уединении, если царь не следовал их искренним и настойчивым советам.

Однако истинные царские советники и подданные вели себя по-другому. Они до конца оставались верными царю, даже если он отклонял их советы или беспричинно накладывал на них опалу. Тем не менее, они не держали на царя зла, не меняли своего мнения и не боялись лишиться жизни за свои убеждения.

Характер как сосуд, и характер сердца человека

Чтобы ясно понять, что означает «быть верным во всем Божьем дому», можно сначала исследовать характер как сосуд и характер сердца человека.

Мера характера людей как сосуда разнится в зависимости от того, насколько люди совершенствуют свое сердце или насколько оно становится кротким. Характер как сосуд определяется послушанием, то есть тем, делает или не делает человек то, что ему говорят.

В чем же главное различие в характере как сосуде? Это зависит от того, как и с каким сердцем каждый человек реагирует на Божье Слово и насколько он действует в согласии с тем, что исходит из его сердца. Поэтому тот, кто является хорошим сосудом, дорожит Божьим Словом и поступает, как Мария: *«А Мария сохраняла все слова сии, слагая в сердце Своем»* (От Луки, 2:19).

Характер сердца каждого человека бывает разный, и это зависит от того, насколько при выполнении своих обязанностей человек расширяет свое понимание или как он использует свои умственные способности, чтобы справиться с возложенной на него задачей. На примере того, как по-разному люди реагируют в одной и той же ситуации, я поделю людские дела на четыре категории. Основой для этой классификации послужат различные характеры сердец.

Человек, принадлежащий к первой категории, делает больше того, что ему поручают. Когда родители просят своих детей прибраться в комнате, некоторые из них не только собирают мусор, но и моют мусорное ведро. Кроме того, есть дети, которые подметают пол и убирают в каждом углу. Своим родителям они приносят радость и удовольствие, потому что сделали больше того, что от них ожидали. Родители будут очень их любить. Дьяконы Стефан и Филипп были такими людьми. У них были большие сердца, они могли совершать невероятные чудеса и удивительные знамения (Деяния, 6).

Человек из второй категории делает только то, что ему приказывают. Например, ребенок собирает только часть мусора на полу, потому что так сказали родители. Они любят его за его послушание, но он больше ничем их не порадует.

Человек из третьей категории не делает того, что должен. Он настолько бессердечен и безразличен, что даже слова о необходимости выполнить какую-то работу его раздражают. К этой группе принадлежат люди, которые утверждают, что любят Бога, но не молятся и не заботятся об овцах Иисуса

Христа. В одной из притч Иисуса говорится о священнике и левите, которые другой стороной дороги обходили ограбленного человека; они также принадлежали к этой группе (От Луки, 10). Поскольку подобные люди не имеют любви, они начинают делать то, что Бог ненавидит больше всего. Они проявляют высокомерие, прелюбодействуют и предают Его.

Последняя категория людей все делает плохо и фактически препятствует завершению определенной работы. Таким лучше вообще не начинать эту работу. Если вам приходилось видеть, как ребенок, рассердившись на своих родителей, разбивает цветочный горшок после того, как ему сказали подобрать мусор, то вы понимаете, что он принадлежит к этой категории.

Щедрое сердце и верность во всем доме Божьем

На основании моей классификации мы представим человека, выполняющего свои обязанности и делающего больше, чем от него ожидается, в виде большого сосуда. Величина «сосуда» зависит от того, насколько искренне и старательно он расширяет свое понимание. Это относится ко всему, что он делает в церкви, на работе или дома.

Когда перед человеком ставят определенную задачу и он повинуется, говоря: «Аминь», его можно считать большим сосудом. Когда человек повинуется не только тому, что сказали сделать, но искренне и с открытым сердцем выполняет больше ожидаемого, про него говорят: «Человек с щедрым сердцем». В этом смысле быть верным во всем дому Божьем связано с мерой щедрости сердца. Искренность изменяется с мерой щедрости сердца.

Давайте вспомним некоторых людей, которые были верны Богу во всем. В Числах, 12:7-8, мы видим, насколько Бог любил Моисея, который был верен во всем доме Его. В этих стихах говорится, насколько важно быть верным во всем: *«Но не так с рабом Моим Моисеем, — он верен во всем дому Моем. Устами к устам говорю Я с ним, и явно, а не в гаданиях, и образ Господа он видит; как же вы не убоялись упрекать раба Моего, Моисея?».*

У Моисея была не только постоянная любовь к Богу и неизменное сердце Господа, но такое же отношение к своему народу и своей семье. Он выполнял свои обязанности, не изменяя принятого решения. Он всегда делал выбор в пользу вечных Божьих ценностей, забывая о славе и богатстве, и угодил Богу верой. Моисей был настолько верен, что, рискуя жизнью, попросил Бога спасти Его народ, когда израильтяне серьезно согрешили.

Как отреагировал Моисей, когда он возвратился после сорокадневного поста, неся скрижали, на которых были записаны данные Богом Десять заповедей и увидел, что люди сделали литого золотого тельца и поклоняются ему? Большинство людей в той ситуации, возможно, сказали бы: «Боже, не могу больше терпеть этот народ! Сделай, пожалуйста, так, как Ты хочешь!».

Но Моисей искренне попросил Бога простить их грехи. Руководствуясь любовью к людям, он был готов к самопожертвованию ради них.

То же самое относится к Аврааму, отцу веры. Когда Бог запланировал уничтожить города Содом и Гоморру, Авраам принял Божье решение близко к сердцу. Он просил Бога спасти жителей этих городов: «*Может быть, есть в этом городе пятьдесят праведников? Неужели Ты погубишь, и не пощадишь места сего ради пятидесяти праведников в нем?*» (Бытие, 18:24).

Потом он попросил у Бога милости не уничтожать эти города, даже если бы там насчитывалось сорок пять праведников, потом сорок, тридцать пять, тридцать, двадцать или десять. Наконец, Авраам получил окончательный ответ от Бога: «*... Не истреблю ради десяти*» (Бытие, 18:22–32). Однако эти два города были разрушены, потому что в них не нашлось даже десяти праведников.

Авраам отказался от права выбора, предоставив своему племяннику Лоту возможность взять лучшую землю, когда территория, на которой они жили, больше не могла их вместить, поскольку имущество обоих значительно увеличилось. Лот нашел для себя хорошую равнину, которая понравилась ему, и отправился туда.

Некоторое время спустя, Содом и Гоморра проиграли войну, и многие жители попали в плен, включая племянника Авраама, Лота. Тогда, рискуя своей собственной жизнью, Авраам и его 318 рабов погнались за врагом, спасли Лота и других пленников, вернув их имущество.

Царь Содомский приветствовал Авраама и сказал ему: «*...Отдай мне людей, а имение возьми себе*», но Авраам из этих трофеев ничего не взял, сказав: «*...Даже нитки и ремня* *от обуви не возьму из всего твоего».* Он действительно вернул Содомскому царю все (Бытие, 14:1–24).

Авраам неизменно относился ко всем, кто его окружал или с кем его сталкивала жизнь, по принципу: не причинять вреда и не беспокоить людей. Он не только утешал людей и дарил им надежду, но также искренне любил их и служил им.

Как быть верным во всем доме Божьем

Моисей и Авраам были щедрыми, искренними, совершенными, честными и заботливыми людьми. Что вам нужно сделать, чтобы быть верным во всем доме Божьем?

Во-первых, следует все проверять – во благо ли это, не погасив огонь Духа, и не унижать пророчества. Другими словами, вы должны видеть, слышать и думать о благом, говорить истину и посещать только достойные места. Во-вторых, необходимо отвергнуть себя и пожертвовать собой ради духовной любви к Божьему Царству и его праведности. Чтобы так поступать, нужно распять плоть с ее страстями и желаниями. Когда вы желаете духовных богатств и не связаны с миром, то сможете определить, каковы приоритеты в вашей жизни, и делать то, что угодно Богу.

Если вы уже стоите на камне веры, то следует искренне стремиться получить такую веру, чтобы превыше всего любить Господа. Если у вас есть вера, чтобы превыше всего любить Бога, тогда нужно быстро войти в то измерение, в котором вы в состоянии угодить Богу, будучи верным во всем доме Его.

Вера, угодная Господу, сопоставима с окончанием колледжа или школы. Закончив учебное заведение, вы выходите в мир и можете применить то, о чем узнали в школе, чтобы обрести успех. Точно так же, когда вы достигаете четвертого уровня веры, перед вами разворачивается более глубокое духовное царство, потому что оно является бесконечно большим по глубине, длине и высоте.

Когда вы входите на пятый уровень веры, то, до некоторой степени, начинаете понимать глубокое и щедрое Божье сердце. Вы сможете понять, насколько велика Божья любовь, насколько Господь полон любви, милосердия, прощения, доброты и праведности. Вы также сумеете испытать Его большую любовь, потому что почувствуете, что Господь с вами, и даже будете плакать при мысли о Господе.

Поэтому вы должны стать бескорыстным и щедрым человеком, отличающимся искренним послушанием, преданностью и любовью, зная, что в духовной любви и жертвенности существует большое различие между четвертым и пятым уровнем веры. Я также надеюсь, что, непрестанно молясь, с верой, угодной Богу, вы получите от Него все и будете благословлены на совершение чудес и знамений.

Желаю вам насладиться всеми Божьими благословениями, приготовленными для вас. Я прошу во имя Иисуса Христа!

Глава 9

Знамения, сопровождающие тех, кто верит

М е р а   В е р ы

1.

Изгнание нечистых духов

2.

Умение говорить новыми языками

3.

Брать змей своими руками

4.

Никакой смертоносный яд не причинит вам вреда

5.

Когда вы возлагаете руки на больных, они исцеляются

«Уверовавших же будут сопровождать сии знамения:
именем Моим будут изгонять бесов;
будут говорить новыми языками; будут брать змей;
и если что смертоносное выпьют, не повредит им;
возложат руки на больных, и они будут здоровы».

(Евангелие от Марка, 16:17-18)

Иисус являл многие знамения, об этом записано в Библии. Знамения происходят с помощью Божьей силы, превосходящей возможности человека. Каким было первое чудо, совершенное Иисусом?

Это превращение воды в вино во время брачного пира в Кане Галилейской, как описано в Евангелии от Иоанна, 2:1–11. Когда Иисус узнал, что вино закончилось, Он сказал, чтобы наполнили водой шесть каменных водоносов доверху. Затем слуги отнесли на пробу распорядителю пира воду, сделавшуюся вином, и тот, попробовав вино, остался доволен его вкусом.

Почему Иисус, Божий Сын, превратил воду в вино в качестве первого чуда, совершенного Им? У такого события много духовных значений. Кана Галилейская – прообраз современного мира, а брачный пир — последние времена, при которых люди наедаются, напиваются и живут по меркам порочного мира (От Матфея, 24:37-38). Вода символизирует Божье Слово, а вино — драгоценную кровь Иисуса Христа.

Поэтому чудо превращения воды в вино указывает на то, что кровь Иисуса, пролитая на кресте, даст человечеству вечную жизнь. Люди похвалили вино за его хороший вкус. Это означает, что люди наполнились радостью от того, что их грехи прощены кровью Иисуса и они обретают надежду на Небеса.

После этого Иисус совершил много замечательных чудес. Он спас умирающего ребенка; насытил пять тысяч человек пятью хлебами и двумя рыбами. Кроме того, Он изгонял бесов; слепых делал зрячими; вернул к жизни Лазаря, который был мертв в течение четырех дней.

С какой целью Иисус являл эти чудеса? Следовало спасти людей и посеять в их сердцах веру, поскольку в Евангелии от Иоанна, 4:48, Он сказал нам: «...*Вы не уверуете, если не увидите знамений и чудес*». Именно поэтому даже сегодня Бог, для Которого душа одного человека драгоценнее, чем вся Вселенная, показывает нам много знамений через тех верующих, кто способен отдать свою жизнь ради спасения людей.

Теперь подробно рассмотрим различные знамения, которые сопровождают тех, кто имеет угодную Богу веру.

1. Изгнание нечистых духов

В Библии ясно говорится о существовании нечистых духов, бесов, хотя многие люди сегодня утверждают, что нечистых духов нет. Бесы — это злые духи, которые противятся Богу. Людям, поклоняющимся идолам, бесы приносят неприятности и скорби, заставляя таких людей служить им еще больше.

Однако если вы имеете истинную веру, вы должны изгонять злых духов и управлять ими, потому что Иисус говорит нам: «Уверовавших же будут сопровождать сии знамения: именем Моим будут изгонять бесов».

Также в Евангелии от Иоанна, 1:12, мы читаем: *«А тем, которые приняли Его, верующим во имя Его, дал власть быть чадами Божьими».* Как стыдно, если вы, будучи чадом Божьим, боитесь бесов или поддаетесь на их уловки!

Иногда бесы стараются помешать новообращенным, не имеющим духовной веры, в тот момент, когда они подходят к молитвенной горе, чтобы в уединении помолиться. Некоторые становятся одержимыми демонами, потому что они просят у Бога даров и силы, а сами не стараются избавиться от зла.

Новообращенных, когда они хотят подняться на молитвенную гору, должны сопровождать духовные наставники, способные прогонять нечистых духов во имя Иисуса Христа, и только в этом случае люди смогут молиться без всяких помех.

Изгнание нечистых духов во имя Иисуса Христа

Служителей и церковных работников это также касается: когда они посещают членов церкви, они сначала должны духовно распознать и уметь изгнать нечистых духов. Только тогда те, кого они навещают, смогут открыть сердца, принять благодать и уверовать в то, что им скажут служители. Если предварительно не прогнать врага сатану, визит может оказаться безуспешным: человек, к которому вы пришли, не откроет свое сердце, чтобы получить благодать и веру.

Те, у кого открыто духовное зрение, легко различают злых духов, чинящих препятствия. Некоторые люди полностью находятся во власти бесов, а во многих случаях злые духи управляют сознанием людей частично. Если помыслами людей владеет сатана, они идут против истины, так как вера их слаба и в них еще осталась греховная природа: прелюбодеяние, воровство, ложь, гнев, ревность и зависть.

Сердца людей могут измениться, когда они слышат слово, с которым пришел служитель, обладающий достаточной духовной силой, чтобы изгонять бесов во имя Иисуса Христа. В то время как служитель проповедует с силой, данной ему Богом, люди со слезами каются, потому что тронуты до глубины сердца и осознают свои грехи. Они также могут получить веру и силу для борьбы с грехами. Через несколько месяцев такие люди замечают, насколько изменились их характер и вера. Истина меняет даже природу людей.

В каждом из четырех Евангелий мы видим примеры, когда после встречи с Иисусом у многих людей преобразилась их врожденная натура. Например, апостол Иоанн сначала был очень вспыльчивым человеком, которого называли «сыном грома» (От Марка, 3:17). После встречи с Иисусом он настолько изменился, что его стали звать «апостолом любви».

Точно так же человек с полной верой, как у Иисуса Христа, способен менять других людей. Он может изгонять бесов именем Иисуса Христа, потому что у него есть сила управлять врагом сатаной.

Как изгонять злых духов

Встречаются различные случаи изгнания бесов. В одних случаях нечистый дух уходит сразу после молитвы, в других – он остается, даже если вы сто раз пытались изгнать его молитвой. Если человек, имеющий веру, стал одержимым из-за того, что разочаровал Бога и Господь отвернулся от него, то из этого человека нужно изгнать беса молитвой и покаянием, сопровождающимся слезами. Это возможно потому, что у кающегося уже есть вера и он знает Божье Слово.

В каком случае трудно изгонять нечистых духов даже с помощью долгих молитв? Особенно трудно, когда злой дух овладевает неверующим, не знающим истины. Такому человеку сложно обрести веру, пока он одержим, потому что в него слишком глубоко внедрилось зло. Чтобы освободить его, кто-то должен помочь ему уверовать, понять истину, покаяться и разрушить стену грехов.

Аналогично этому, если в жизни родителей-христиан существует проблема, их любимое дитя может стать одержимым бесом. В таком случае ребенка нельзя освободить от нечистого духа, пока родители не покаются в своих грехах, не получат спасения и не встанут твердо на камень веры. И еще, встречаются случаи воздействия сил тьмы.

Вы, наверное, встречали таких, чья жизнь в вере мучительна, потому что им трудно открыть свои сердца, а мысли о мире, сомнения и усталость препятствуют им воспринимать слово, как бы искренне они не старались сделать это. Подобные случаи происходят из-за того, что силы тьмы могут воздействовать на семью человека, если его предки служили идолам, или же его родители являются колдунами, идолопоклонниками.

Тем не менее, когда такой человек становится дитем Света, прилежно следует Божьему Слову и горячо молится, злой дух уйдет, и он, и его семья будут спасены. Бог не терпит идолопоклонства, так что между Господом и идолопоклонником вырастает мощная стена греха. Такому человеку следует продолжать изо всех сил бороться с самим собой, чтобы жить в истине, пока он не разрушит стену греха. Он может быстро освободиться от сил тьмы, если будет усердно молиться и меняться.

Исключительные случаи, когда бесы не покидают человека

В каких случаях бесы не уходят, если даже им повелевают во имя Иисуса Христа?

Бесы не уходят, если человек однажды уверовал в Господа, но его совесть словно каленым железом была выжжена после того, как он отвернулся от Господа. Несмотря на все усилия, он не способен возвратиться к Богу, потому что неправда полностью вытеснила его добрую совесть.

Именно поэтому в Первом послании апостола Иоанна, 5:16, написано: *«Есть грех к смерти: не о том говорю, чтобы он молился»*. Другими словами, Бог не отвечает такому человеку, даже если он и молится.

Какой же грех ведет к смерти? Хула на Святого Духа. Тот, кто совершает этот грех, не может быть прощен ни в этом веке, ни в будущем. Поэтому такой человек никогда не получит спасения, даже если он постоянно молится.

В Евангелии от Матфея, 12:31, Иисус говорит нам, что хула на Духа не будет прощена. Возводить хулу на Духа со злым умыслом и по собственному выбору – значит препятствовать Его работе, осуждать и обвинять Святой Дух. Например, если люди осуждают церковь, в которой совершаются Божьи дела, называя ее еретической и распространяя о ней ложные слухи, они богохульствуют (От Марка, 3:20–30).

Также в Евангелии от Матфея, 12:32, Иисус говорит: «*Если кто скажет слово на Сына Человеческого, простится ему; если же кто скажет на Духа Святого, не простится ему ни в сем веке, ни в будущем*». Вновь, в Евангелии от Луки, 12:10, Иисус напоминает нам: «*И всякому, кто скажет слово на Сына Человеческого, прощено будет; а кто скажет хулу на Святого Духа, тому не простится*».

Любой человек, который высказывается против Сына Человеческого, не зная Его, может получить прощение. Однако тот, кто хулит Святого Духа, не может быть прощен и встает на путь смерти, даже если он уже принял Иисуса Христа, так как он препятствует Божьему делу и выступает против Святого Духа. Не следует совершать грех хулы против Духа и клеветать на Него, понимая, что эти грехи являются слишком серьезными и они не прощаются. Совершающим такой грех не дается спасение.

В Послании к Евреям, 10:26, сказано, что, если человек продолжает грешить даже после того, как познал истину, то «не остается более жертвы за грех». Благодаря Божьему Слову он хорошо знает, что является грехом, и не должен совершать зло.

Однако если человек преднамеренно и сознательно грешит, тогда его совесть постепенно перестает быть чувствительной к грехам и выжигается словно каленым железом. В конце концов он будет покинут Богом и ему не будет дано покаяние. Более того, тому, кто однажды был просвящен и получил небесный дар, общался в Духе, ощутил благодать Божьего Слова и могущество сил будущего века, но отошел от веры, тому не будет дан дух покаяния, поскольку они снова и снова распинают Сына Божьего и подвергают Его публичному позору (Посл. к Евреям, 6:4–6).

Люди, которые получили Святой Дух, ведают о Небе и аде, знают Божье Слово, но все же, соблазнившись миром, отошли от веры и запятнали Божью славу, им не представится никакой возможности для покаяния. За исключением нескольких случаев, о которых упоминалось выше, когда Бог не отворачивается от вас, вы можете управлять врагом – сатаной и дьяволом. Вот почему демоны могут быть изгнаны, только если вы приказываете им именем Иисуса Христа.

Непрестанно молитесь в то время, как пребываете в истине

Насколько страшно Божьему служителю или работнику, если бесы не уходят, даже когда он или она повелевают им именем Иисуса Христа! Поэтому вы, естественно, должны получить силу для управления врагом – дьяволом и сатаной. Чтобы совершать знамения, сопровождающие верующих, вам необходимо достичь состояния, когда вы угодны Богу, не только пребывая полностью в истине и от всего сердца любя Господа, но также усердно и непрестанно молясь.

Вскоре, после того как я основал церковь, услышав о моем служении исцеления, молодой человек, одержимый эпилепсией, приехал из провинции Ганг-вон, чтобы встретиться со мной. Он полагал, будто очень хорошо служит Богу, так как был учителем воскресной школы и пел в хоре, но несмотря на это, он, будучи необычайно высокомерным, продолжал грешить. В результате, злой дух вошел в его оскверненный разум, и этот человек очень от этого страдал.

Исцеление произошло благодаря усердной молитве отца и его преданности своему сыну. Когда я определил сущность этого духа и молитвой изгнал его, молодой человек в бессознательном состоянии упал навзничь, на его губах появилась пена с плохим запахом. Вернувшись домой, он вооружился Божьим Словом, стал новым человеком во Христе и членом моей церкви. В дальнейшем я услышал, что он искренне служит в церкви и свидетельствует о своем исцелении. Сегодня, независимо от времени и пространства, благодаря молитве с использованием носового платка, над которым я помолился, многие освобождаются от нечистых духов или сил тьмы.

Молодого человека из Уль-сана в провинции Киунгнам сильно избили старшекурсники и его друзья, потому что он отказался с ними курить. После избиения молодой человек очень страдал физически и душевно, это стало причиной одержимости, и в течение семи месяцев он безуспешно находился на излечении в психиатрической больнице. Он освободился от нечистого духа после молитвы с использованием платка, над которым я помолился. К нему вернулось здоровье, и теперь он ценный работник в своей церкви.

Подобные явления также встречаются за границей. Например, в Пакистане служитель в течение четырех лет страдал от нечистого духа, но обрел освобождение благодаря молитве с платком, принял Святого Духа и дар говорить на новых языках.

2. Умение говорить новыми языками

Второе знамение, сопровождающее тех, кто верует, — способность говорить новыми языками. Что значит говорить новыми языками? В Первом послании к Коринфянам,14:15, сказано: *«Стану молиться духом, стану молиться и умом; буду петь духом, буду петь и умом»*. Вы знаете, что дух отличается от разума? Какое же различие между ними?

Существуют два вида разума: разум истины и разум неправды. Разум истины — дух, белый разум. Разум неправды — плоть, черный разум. После того как вы приняли Иисуса Христа, ваше сердце заполнено духом настолько, насколько вы просите и насколько отвергаете грехи, живя Божьим Словом и искореняя неправду.

В конце концов, когда вы достигаете четвертого уровня веры, чтобы превыше всего любить Господа, ваше сердце постепенно заполняется духом, где уже нет никакой неправды. Кроме того, если у вас есть угодная Богу вера, ваше сердце полностью заполнено духом, и такое состояние называют полнотой духа. На этой стадии ваш разум является духом, а дух — вашим разумом.

Говорить новыми языками

Когда внутри вас такой дух молится Богу по вдохновению Святого Духа, это называется молитвой на языках. Молитва на языках — беседа с Богом. Она очень благодатна для вашей жизни во Христе, так как враг сатана не может ее подслушать. Вообще дар говорить языками дается Божьему чаду тогда, когда он искренне молится в полноте Святого Духа. Бог хочет дать этот дар каждому из Своих детей.

Когда вы усердно молитесь на языках, то можете бессознательно петь песню на языках, танцевать или даже ритмично двигаться по вдохновению Святого Духа. Даже не очень хороший исполнитель может прекрасно петь, а человек, который не умеет хорошо танцевать, в состоянии танцевать лучше, чем профессиональные танцоры, потому что им полностью управляет Святой Дух.

Кроме того, говоря различными языками, человек может обрести новый духовный опыт, потому что он стремится к более глубокому уровню. Это и называется говорить новыми языками. Когда вы молитесь на языках на пятом уровне веры, то можете начать говорить новыми языками.

Эта сила достаточна, чтобы изгнать врага сатану

Новые языки обладают такой силой, что враг сатана испытывает страх и уходит прочь. Предположим, на вас нападет грабитель, который хочет вам нанести удар ножом. В тот момент Бог способен заставить его передумать или позволяет ангелу схватить его руку, если вы молитесь на новых языках.

Бывают ситуации, когда вы чувствуете себя неловко или у вас появляется сильное желание молиться, когда вы куда-нибудь идете. Это происходит потому, что Бог Святым Духом побуждает ваш разум к молитве, так как Ему известно, что впереди вас ждет несчастный случай.

Соответственно, когда вы молитесь, повинуясь действию Святого Духа, вы в состоянии предотвратить неожиданное бедствие или несчастный случай, потому что враг дьявол отступает от вас и Бог помогает вам этого избежать.

Поэтому, молясь новыми языками, вы получаете защиту и можете предотвратить испытания и трудности дома, на работе, в бизнесе или где-то еще, и враг – дьявол и сатана – не в состоянии этому помешать.

3. Брать змей своими руками

Третье знамение, которое сопровождает тех, кто верит, — брать змей руками. Что же означает слово «змея»? Давайте обратимся к Бытию, 3:14-15:

«И сказал Господь Бог змею: за то, что ты сделал это, проклят ты пред всеми скотами и пред всеми зверями полевыми; ты будешь ходить на чреве твоем, и будешь есть прах во все дни жизни твоей. И вражду положу между тобою и между женою, и между семенем твоим и между семенем ее; оно будет поражать тебя в голову, а ты будешь жалить его в пяту».

В этом месте Писания говорится о проклятии змея за то, что он соблазнил Еву. Слово «жена» здесь духовно относится к Израилю, а «семя ее» — к Иисусу Христу. Следовательно, «семя жены [поражающее голову змея]» означает, что Иисус Христос разрушит власть смерти врага – дьявола и сатаны. Слова о том, что «змей будет жалить его в пяту», означают врага – дьявола и сатану, который распял Иисуса.

Также вполне очевидно, что слово «змей» относится к врагу – дьяволу и сатане, потому что в Откровении Иоанна Богослова, 12:9, написано: *«И низвержен был великий дракон, древний змий, называемый диаволом и сатаною, обольщающий всю вселенную, низвержен на землю, и ангелы его низвержены с ним».*

Следовательно, «брать змей» означает: вы отделите то, что исходит от вашего врага сатаны, и уничтожите это во имя Иисуса Христа.

Разрушение сатанинского сборища

В Откровении Иоанна Богослова мы находим следующие стихи:

«Знаю ... злословие от тех, которые говорят о себе, что они Иудеи, а они не таковы, но сборище сатанинское» (2:9).

«Вот, Я сделаю, что из сатанинского сборища, из тех, которые говорят о себе, что они Иудеи, но не суть таковы, а лгут, — вот, Я сделаю то, что они придут и поклонятся пред ногами твоими, и познают, что Я возлюбил тебя» (3:9).

Слово «Иудеи», как избранные Богом духовно, относится ко всем, кто верит в Бога. Фраза «...которые говорят о себе, что они Иудеи» относится к людям, препятствующим Божьему делу, осуждающим и злословящим Его на том основании, что Божьи действия не соответствуют их мыслям. Такие люди ненавидят друг друга и ссорятся между собой по причине зависти и ревности. «Сатанинское сборище» подразумевает собрание двух или больше людей, ложно обвиняющих других и создающих в церкви проблемы. Недовольство нескольких человек заражает многих других, и так создается сатанинское сборище.

Конечно, для развития церкви следует принимать конструктивные предложения и решения. Тем не менее, это будет сатанинским сборищем, если некоторые из членов церкви борются против Божьего служителя, под каким-либо предлогом раскалывая церковь и создавая группу, направленную против истины.

Хотя церкви должны быть исполнены любви и святости и объединяться в истине, встречается много церквей, в которых остывают молитва и любовь, где заканчивается духовное пробуждение, где Царство Божье стоит некрепко, и виной тому — сатанинское сборище.

Однако оно не может проявить свою силу, если вы способны различить его с помощью Богу угодной веры пятого уровня. Со времени основания моей церкви у нас никогда не было сатанинского сборища. В начале моего служения, это происходило из-за некоторых людей, разумом которых управлял сатана, потому что члены церкви еще не были вооружены истиной.

Тем не менее, Бог каждый раз сообщает мне об этом и, через проповеди, предотвращает все попытки создать сатанинское сборище. В настоящее время члены моей церкви способны ясно отличить истину от неправды. Те, кто тайно вступил в церковь, чтобы организовать сатанинское сборище, уходят или каются, потому что у некоторых из них сердце все еще остается добрым. Если никто не заинтересован в сатанинском сборище, его нельзя сформировать.

4. Никакой смертоносный яд не причинит вам вреда

Четвертое знамение, сопровождающее тех, кто поверит, — это смертельный яд, который не причинит им никакого вреда. Какой в этом особый смысл? В Деяниях святых Апостолов, 28:1–6, описывается случай, когда на острове Мальта апостола Павла укусила гадюка. Островитяне ожидали, что он опухнет или тотчас умрет (ст. 6), но это не причинило Павлу вреда. После долгого ожидания, увидев, что с Павлом не произошло ничего необычного, островитяне решили, что он был богом (ст. 6). Павел остался жив, потому что его вера была совершенной, поэтому даже яд гадюки не подействовал на него.

Даже если укусила гадюка

Люди с совершенной верой не заболеют и не инфицируются микробами или вирусами, не отравятся ядом, даже если они случайно подверглись подобному воздействию. Дело в том, что пламенем Святого Духа Бог сжигает любой яд.

Однако если такие люди преднамеренно выпьют отравленное, они не смогут получить защиту, потому что они хотели испытать Бога. Он не позволяет испытывать Себя ничем, кроме десятины. Все же может случиться, что вы съедите отравленную пищу, которая была преднамеренно испорчена, чтобы навредить вам.

Мужчина может подмешать снотворное в напиток

женщины с целью соблазнить ее. Кого-то могут усыпить перед похищением или ограблением. Даже в этих случаях человек с совершенной верой будет под защитой и в безопасности, потому что яды нейтрализуются огнем Святого Духа.

Пламя Святого Духа сжигает любой яд

К концу моего третьего года учебы в теологической семинарии, готовясь к своему первому собранию духовного пробуждения, я почувствовал острую боль в желудке после выпитого напитка. После того как я помолился, возложив руки на живот, диарея принесла мне облегчение. До следующего дня я не знал, что в напитке содержался яд.

Однажды я остался помолиться в Джочивон в провинции Чунгчун. Поблизости от места, где я часто проводил время, был университет. Однажды там разгоняли студенческую демонстрацию с помощью слезоточивого газа. Люди, надышавшись газом, очень страдали, я же не испытал таких мучений.

В первое время служения моя семья жила в полуподвальном помещении церковного здания. Тогда для отопления корейцы использовали угольные брикеты. Моя семья сильно страдала от угарного газа, особенно в облачные дни, из-за недостатка циркуляции воздуха. На меня он никогда не действовал. Святой Дух немедленно растворяет любые ядовитые материалы, даже если присутствует хотя бы один человек с верой, угодной Богу. Святой Дух в своей полноте движется внутри и вокруг тела такого человека.

5. Когда вы возлагаете руки на больных, они исцеляются

Пятое знамение, которое сопровождает тех, кто верует, — это возложение рук на больных, которые исцеляются. По Божьей благодати, это знамение сопровождало меня прежде, чем я начал свое служение. После основания церкви очень многие люди исцелились и прославили Бога. В настоящее время я не могу возложить руки на каждого члена моей церкви, поэтому я только молюсь о больных с кафедры. Тем не менее, многие больные исцелились, и через молитву немощные люди обрели хорошее здоровье и силу.

В дополнение к этому, во время ежегодного двухнедельного собрания духовного пробуждения, которое до 2004 года каждый раз проводилось в мае, исцелились люди с различными болезнями, такими, как лейкемия, паралич и раковые новообразования. Кроме того, слепые начинали видеть, глухие слышать, а хромые ходить. С помощью этих удивительных Божьих дел многие люди встретили Живого Бога.

Но почему все еще встречаются люди, которые не могут получить ответы, несмотря на удивительные деяния Святого Духа, уничтожающего микробы и исцеляющего больных и немощных людей?

Прежде всего мы должны помнить, что, когда человек принимает молитву без веры, его нельзя исцелить. Если нет веры, люди не получают ответа, потому что Бог действует по вере каждого человека. Во-вторых, людей нельзя исцелить, даже если они обладают верой, когда есть стена грехов. В этом случае человека можно исцелить молитвой только после покаяния в своих грехах и возвращения к Богу.

Есть еще кое-что, о чем вам следует знать: даже если кто-то исцеляет больных с помощью молитвы, нельзя с полной уверенностью полагать, что он достиг пятого уровня веры. Если у вас есть дар исцеления, то вы способны помогать людям, даже если находитесь на третьем уровне.

Кроме того, человек на втором уровне веры часто исцеляет людей через молитву, когда он исполнен Святым Духом, потому что на короткое время может войти на четвертый или пятый уровень веры. Кроме того, молитва праведника, или молитва любви, настолько мощна и эффективна, что через нее могут быть явлены Божьи дела (Посл. Иакова, 5:16).

Такие случаи встречаются не часто. Болезни, вызванные микробами или вирусами, злокачественные опухоли и болезни органов пищеварения можно исцелить, но такие великие Божьи дела, как исцеление хромых или слепых, не свершаются.

Несмотря на то, что с помощью молитвы любви или дара исцеления нечистые духи уходят из человека, весьма вероятно, что через некоторое время бесы возвратятся. Но когда человек на пятом уровне веры изгоняет нечистых духов, они не могут вернуться.

Соответственно, можно сказать, что вы находитесь на пятом уровне веры только тогда, когда в вашей жизни полностью явлены все пять видов знамений. Кроме того, если вы на этом уровне, то способны продемонстрировать намного более могущественную власть, силу и благодать Святого Духа.

В настоящее время, когда многие люди полностью запятнаны злом и грехом, наверное, вера у них может появиться только в том случае, если они увидят более впечатляющие чудеса и знамения по сравнению с теми, которые происходили во время Иисуса Христа. Вот почему Бог хочет, чтобы Его дети достигли не только полной духовной веры, но и начали проявлять знамения, сопровождающие тех, кто уверует. Это позволит им вести многих людей по пути спасения.

Вы должны постараться получить силу, власть и мощь, зная, что вы в состоянии сделать то, что совершал Иисус, и даже превзойти Его дела тогда, когда у вас есть угодная Богу вера Христа.

Я желаю вам верою расширять границы Божьего Царства и достигать Его праведности, и да будете вы сиять в Небесах подобно солнцу во веки веков. Я молюсь об этом во имя Иисуса Христа!

Глава 10

Небесные обители и венцы

«Да не смущается сердце ваше;
веруйте в Бога и в Меня веруйте.
В доме Отца Моего обителей много;
а если бы не так, Я сказал бы вам:"
Я иду приготовить место вам".
И когда пойду и приготовлю вам место,
приду опять и возьму вас к Себе,
чтоб и вы были, где Я».
(Евангелие от Иоанна, 14:1–3)

Довольно трогательный момент, когда спортсмену вручают золотую олимпийскую медаль. Он может победить и получить ее только после долгих изнурительных тренировок, когда во имя победы он отказывает себе в любимых занятиях и еде, которую предпочитает. Спортсмен терпит трудности обучения, потому что всеми силами стремится к обладанию золотой медалью и знает, что его усилия будут вознаграждены сполна. То же самое относится и к христианам.

Проходя духовную «дистанцию» до Небесного Царства, мы должны «подвизаться добрым подвигом веры», не жалеть своего тела, чтобы стать победителем и получить награду. Люди прилагают все усилия, чтобы получить мирское вознаграждение и славу. Что же вам нужно сделать, чтобы получить приз и обрести вечную славу в Царстве Небесном?

В Первом послании к Коринфянам, 9:24-25, мы читаем: *«Не знаете ли, что бегущие на ристалище бегут все, но один получает награду? Так бегите, чтобы получить. Все подвижники воздерживаются от всего: те для получения венца тленного, а мы — нетленного».*

Эти слова вдохновляют нас на то, чтобы мы проявляли воздержание, бежали, не останавливаясь, стремились к славе, которой сможем насладиться очень скоро. Давайте подробно рассмотрим, как обрести славу и достичь наилучшей обители в Небесном Царстве.

1. Небеса, овладеть которыми можно только верой

Встречается много людей, которые, несмотря на честь и силу, богатство, процветание и хорошее образование, не знают, откуда появился человек, для чего он живет и куда уходит. Они думают, что люди рождаются, едят, пьют, ходят в школу, работают, женятся и живут до тех пор, пока после смерти не превратятся в горстку пыли.

Однако Божьи люди, которые приняли Иисуса Христа, так не думают. Они знают, что их истинный Отец, Который дает им жизнь, — Бог. Такие люди верят, что Господь сотворил первого человека, Адама, и вложил в него и его потомство семя жизни. Поэтому они живут, чтобы прославлять Бога. Что бы они ни делали – едят ли, пьют ли, – они знают, зачем Бог создал людей и позволил им жить в этом мире.

Они также поступают согласно Божьей воле, потому что уверены, что будут спасены, попадут в Небесное Царство и получат вечную жизнь. Они также знают, каким будет наказание в вечной геенне огненной. Те, кто обладает верой, — это Божьи дети, имеющие небесное гражданство. Господь хочет, чтобы у них было ясное представление о Небесном Царстве и была надежда на обитель там, потому что, чем больше людей знает о Небесном Царстве, тем более активно они могут проявлять веру в своей земной жизни. Вы можете овладеть Небесами, только веруя.

Там окажутся только те, кто спасен верой. Даже если у вас есть деньги, власть и влияние, вы не попадете туда своими силами. Лишь тот, кто принял Иисуса Христа, получил право быть Божьим чадом и живет Его Словом, имеет возможность попасть на Небеса и наслаждаться вечной жизнью и благословениями.

Спасение в ветхозаветные времена

Означает ли это, что тот, кто ничего не знает об Иисусе, не может быть спасен? Нет, это не так. Поскольку времена Ветхого Завета были временем Закона, люди получали спасение, если они исполняли Закон, Божье Слово. Однако в новозаветное время, после того как в этот мир пришел Иоанн Креститель, чтобы свидетельствовать об Иисусе Христе, люди начали спасаться верой в Господа Иисуса.

Даже сейчас встречаются некоторые люди, которые не приняли Иисуса Христа, потому что у них еще не было возможности услышать о Нем. Такие люди будут судимы судом совести (подробнее об этом написано в книге «Слово о Кресте»).

В настоящее время многие неправильно толкуют Божью волю о спасении. Они ошибочно считают, что для спасения достаточно на словах исповедовать свою веру: «Я верю в Иисуса Христа как Своего Спасителя», потому что во времена Нового Завета Бог дал благодать спасения через Иисуса Христа. Эти люди думают, что им не надо стараться жить по Его Слову, а грех, в действительности, не является большой проблемой. Это ложное понимание. Что же на самом деле означает ветхозаветное спасение делами и новозаветное спасение верой?

Он пришел, чтобы побудить людей к исполнению Слова Божьего не только делами, но и сердцем. Именно поэтому в Евангелии от Матфея, 5:17, Иисус говорит: *«Не думайте, что Я пришел нарушить закон или пророков: не нарушить пришел Я, но исполнить».*

Он также напоминает нам: если человек совершает грех в своем сердце, он уже согрешил: *«Вы слышали, что сказано древним: „не прелюбодействуй". А Я говорю вам, что всякий, кто смотрит на женщину с вожделением, уже прелюбодействовал с нею в сердце своем»* (От Матфея, 5:27-28).

Спасение во времена Нового Завета

В ветхозаветные времена, даже если кто-то совершил прелюбодеяние в своем сердце, его не считали грешником, пока он не совершал реального греха. Только после свершившегося факта прелюбодеяния человека могли обвинить в этом грехе и наказать его (Второзаконие, 22:21-24).

В те времена нечестивый и злой человек, в мыслях своих совершавший убийство или кражу, мог обрести спасение, потому что фактически он не сделал ничего преступного и его нельзя было считать виновным.

Давайте прочитаем Первое послание апостола Иоанна,

3:15, чтобы понять, что же во времена Нового Завета означало спасение верой: *«Всякий, ненавидящий брата своего, есть человекоубийца; а вы знаете, что никакой человекоубийца не имеет жизни вечной, в нем пребывающей».*

Во время Нового Завета грех, совершающийся в мыслях, приравнивается к греху, совершаемому действием. Поступающие так люди не могут получить спасения. Поэтому во времена Нового Завета, если человек имеет намерение украсть, он уже вор; если кто-то похотливо смотрит на женщину, он уже неверный супруг; если человек ненавидит своего брата и хочет его убить, он ничем не отличается от убийцы. Вы должны понимать, что спасение дается тем, кто показывает свою веру Господу на деле и не грешит в сердце.

Отвергнуть дела и желания греховной природы

В Библии часто можно встретить такие слова, как «греховная природа», «плоть», «похоть плоти», «дела плоти», «тело греха». Однако даже среди верующих очень трудно найти тех, кому известно истинное значение этих слов.

Толковый словарь не делает никакого различия между понятиями «плоть» и «тело», но Библия разделяет духовный смысл этих слов. Чтобы понять это, сначала нужно узнать, как грех вошел в человека.

Первый человек был живым духом, то есть был духовным созданием, и знал только истину, потому что Бог дал ему знание жизни. В него вошла смерть, когда он совершил грех неповиновения, вкусив плод от дерева познания добра и зла, и тем самым нарушив Божью заповедь (Посл. к Римлянам, 6:23).

Поскольку главенствующий в нем дух умер, Адам больше не мог общаться с Богом. Адаму, как Божьему творению, следовало испытывать страх Божий перед Создателем и выполнять Его повеления, но он не смог справиться с возложенным на него долгом. Его изгнали из Эдемского сада; он должен был жить в мире, полном слез, мук, страданий, болезней и смерти. Он и его потомки стали грешить. Грех укоренялся постепенно, от поколения к поколению.

В процессе этого человек утратил первоначально данные ему Богом знания и появилось то, что мы называем «телом». А когда греховные свойства объединились с этим «телом», возникла «греховная природа».

«Греховная природа» является объединяющим понятием, относящимся к невидимым, скрытым свойствам сердца, способным формировать поступки, пусть даже человек их фактически не совершает. Различные проявления порочности мы называем «желаниями греховной природы».

Например, зависть, ревность и ненависть невидимы, но в любое время они могут проявиться в жизни, пока живут в вашем сердце. Именно поэтому Бог называет их грехами. Если вы не избавляетесь от желаний греховной природы, они проявляются в поступках. Когда они проявляются в действии, мы называем их «делами греховной природы».

При неблагоприятных условиях, когда отдельные дела греховной природы соединяются вместе, они образуют то, что мы называем «плотью». Другими словами, когда мы делим «плоть» на ее конкретные дела, то это называется «делами греховной природы». Если человек хочет кого-то ударить, это «желание греховной природы», а если он наносит удар, это «дела греховной природы».

Каково духовное значение «плоти» по Бытию, 6:3?

«И сказал Господь: не вечно Духу Моему быть пренебрегаемым человеками; потому что они плоть».

Этот стих напоминает нам, что Бог не хочет навсегда оставаться с людьми, которые не живут Его Словом, но совершают грехи и становятся «плотью».

Тем не менее, в Библии говорится, что Бог всегда был с духовными людьми, такими, как Авраам, Моисей, Илия, Ной и Даниил, которые стремились только к истине и жили Божьим Словом. Поэтому, зная о том, что плотские люди, которые не живут в соответствии с Божьим Словом, не могут обрести спасения, вы должны стремиться как можно быстрее отказаться не только от дел, но и от желаний греховной природы.

Человек плоти не наследует Божье Царство

Бог есть Любовь, Он дает право стать Его детьми и получить в дар Святого Духа тем, кто раскаивается в своих грехах и принимает Иисуса Христа своим Спасителем. Когда вы принимаете Святой Дух как дар, ваш дух с Его помощью возрождается.

Так вы можете получить спасение и вечную жизнь, потому что вы уже человек не плоти, но духа. Однако если вы продолжаете проявлять дела греховной природы, то не спасетесь, потому что с вами не будет Бога.

Дела греховной природы подробно описаны в Послании к Галатам, 5:19–21:

«Дела плоти известны; они суть: прелюбодеяние, блуд, нечистота, непотребство, идолослужение, волшебство, вражда, ссоры, зависть, гнев, распри, разногласия, (соблазны), ереси, ненависть, убийства, пьянство, бесчинство и тому подобное; предваряю вас, как и прежде предварял, что поступающие так Царствия Божия не наследуют».

Иисус говорит в Евангелии от Матфея, 7:21: *«Не всякий, говорящий Мне: "Господи! Господи!", войдет в Царство Небесное, но исполняющий волю Отца Моего Небесного».*

Неоднократно повторяя в Библии, что нечестивые люди, которые не живут в соответствии с Его волей и совершают дела плоти, не могут войти на Небеса, Бог хочет, чтобы все обрели спасение верой и достигли Небес.

Если вы хотите получить спасение верой

В Послании к Римлянам, 10:9-10, написано: *«Ибо, если устами твоими будешь исповедывать Иисуса Господом и сердцем твоим веровать, что Бог воскресил Его из мертвых, то спасешься; потому что сердцем веруют к праведности, а устами исповедуют ко спасению».*

Вера, которую хочет увидеть Бог, — это вера, которая есть и в сердце и на устах. Другими словами, если в своем сердце вы действительно поверили, что Иисус стал вашим Спасителем, воскреснув на третий день после распятия на кресте, вы оправдываетесь тем, что оставляете свои грехи и начинаете жить по Слову. Когда вы провозглашаете это своими устами и живете в соответствии с Его волей, вы можете обрести спасение, потому что ваша вера – истинная.

Именно поэтому в Послании к Римлянам, 2:13, говорится: «... *Потому что не слушатели закона праведны пред Богом, но исполнители закона оправданы будут».* В Послании апостола Иакова, 2:26, также говорится: *«Ибо, как тело без духа мертво, так и вера без дел мертва».*

Вы можете доказать свою веру с помощью дел только тогда, когда сердцем верите Божьему Слову, а не просто знаете его. Когда в вашем сердце укоренится знание, за ним последуют дела.

Если прежде вы ненавидели других, то сможете измениться и начать любить людей. Если вы воровали, вы сможете перестать воровать. Но если вы все еще живете во тьме, любите этот мир и исповедуете свою веру только на словах, ваша вера мертва, потому она не имеет никакого отношения к спасению.

Об этом также написано в Первом послании апостола Иоанна, 1:7: «... *Если же ходим во свете, подобно как Он во свете, то имеем общение друг с другом, и Кровь Иисуса Христа, Сына Его, очищает нас от всякого греха».*

Когда же в вас пребывает истина, вы, естественно, идете к Свету, потому что и живете в соответствии с истиной. Если в вашем сердце есть вера, то благодаря этому вы становитесь праведными, поскольку выходите из тьмы на Свет, отвергая грехи. Напротив, вы обманываете Бога, если все еще живете во тьме, совершая грех и зло. Поэтому вам нужно быстро достигнуть веры, сопровождаемой делами.

Следует идти к Свету

Бог повелевает нам бороться против греха, вплоть до пролития крови (Посл. к Евреям, 12:4), потому что Он хочет, чтобы мы были совершенными, как Он (От Матфея, 5:48), и святыми, поскольку Он свят (1-е посл. Петра, 1:16).

В ветхозаветные времена люди спасались в том случае, если их дела были совершенными; от них не требовалось избавления от грехов своего сердца, потому что люди не могут бороться против грехов собственными силами.

Если бы вы сами могли отречься от своих грехов, Иисусу не пришлось бы приходить в этот мир. Однако поскольку вы не можете ни решить проблему греха, ни спастись своими силами и возможностями, Иисус был распят на кресте и всем, верующим в это, даруется Святой Дух, Который ведет их к спасению. Благодаря этому, с помощью Святого Духа вы можете отрешиться от греха, стать причастными к божественному естеству, так как, входя в ваше сердце, Святой Дух дает вам понимание того, что такое грех, праведность и рассудительность.

Вам не должно быть достаточно только факта принятия Иисуса Христа. Вам нужно усердно молиться, отвергнув всякого рода зло, и с помощью Святого Духа жить в Свете до того момента, когда вы сможете стать «причастниками Божеского естества».

На Небеса можно попасть только духовной верой, сопровождаемой делами, поскольку в Евангелии от Матфея, 7:21, написано: *«Не всякий, говорящий Мне: "Господи! Господи!", войдет в Царство Небесное, но исполняющий волю Отца Моего Небесного»*. Также необходимо приложить все усилия, пока вы не достигнете меры веры отцов, потому что небесные обители определяются мерой веры каждого человека.

Я надеюсь, что вы станете причастниками божественного естества и обретете Новый Иерусалим, в котором находится Божий Престол.

2. Усердно стремиться к Небесам

Бог позволяет нам пожинать плоды того, что мы сеем, и вознаграждает нас в соответствии с нашими делами, потому что Он справедлив. Так же и на Небесах: каждый человек вознаграждается различным местом пребывания – по его мере веры; всем даются разные награды – в зависимости от того, насколько они служили Божьему Царству и посвящали себя ему. Бог, который пожертвовал Своим Единородным Сыном, чтобы даровать нам Небеса и вечную жизнь, с нетерпением ждет Своих детей, чтобы они взошли туда и навсегда остались с Ним в самой прекрасной небесной обители — Новом Иерусалиме.

На протяжении истории человечества сильный народ обычно вел войну против относительно более слабого и за счет этого расширял свои территории. Чтобы завоевать чужие земли, нужно было вторгнуться на территорию другого государства и победить его.

Таким же самым образом, если вы — дитя Божье и имеете небесное гражданство, вам необходимо усердно стремиться к Небесам, потому что вы все про них знаете. Некоторые могут поинтересоваться, как мы смеем посягать на Небеса, которые являются Царством Всемогущего Бога. Сначала нужно понять духовное значение слов «стремиться к Небесам», а затем понять, как этого достичь.

От дней Иоанна Крестителя

Иисус говорит нам в Евангелии от Матфея, 11:12: *«От дней же Иоанна Крестителя доныне Царство Небесное силою берется, и употребляющие усилие восхищают его».* Дни до Иоанна Крестителя относятся к дням Закона, когда люди спасались своими делами.

Ветхий Завет — тень Нового Завета; пророки позволили людям узнать об Иегове и пророчествовали о Мессии.

Однако от дней Иоанна Крестителя наступила эра Нового Завета, а именно – Новое Обетование, которое завершило пророчества Ветхого Завета.

Наш Спаситель Иисус явился на определенном этапе истории человечества не как тень, а как Сущий. О Нем начал свидетельствовать Иоанн Креститель. С тех пор началась эра благодати, в которой все могут получить спасение, принимая Иисуса как своего Спасителя, а затем и Святого Духа.

Любой, кто принимает Иисуса Христа и верит в Его имя, получает право стать Божьим чадом и попасть на Небеса. Однако Бог разделил Небеса на несколько обителей и позволяет каждому из Своих детей обладать ими в зависимости от меры его веры, потому что Господь праведен и воздает каждому человеку согласно содеянному. Кроме того, только те, кто полностью освящен, живя по Слову, и полностью выполнил свою миссию, могут войти в Новый Иерусалим, где находится Божий Престол.

Поэтому вы должны с усердием стремиться к наилучшему месту на Небесах, так как попадете в различные обители по мере вашей веры, и право на вход туда обретается только верой.

От дней Иоанна Крестителя до Второго пришествия нашего Господа любой, кто стремится к Небесам, обретет их. В Евангелии от Иоанна, 14:6, Иисус говорит нам: *«Я есмь путь и истина и жизнь; никто не приходит к Отцу, как только чрез Меня».*

Господь объясняет нам, что никто не придет к Отцу, минуя Его, потому что Он — Путь на Небеса, Истина и Жизнь. По этой причине Иисус пришел в этот мир, свидетельствовал о Боге так, чтобы мы могли ясно понять Его, и, став для нас примером, учил нас, как войти в Небесное Царство.

Небеса разделены на различные обители

Небеса — Царство Божье, где всегда будут жить Его спасенные дети. В отличие от этого мира, это – царство вечного покоя и нетления. Оно наполнено радостью и счастьем, без болезней, горя, боли и смерти, потому что там нет врага – дьявола и сатаны, а также нет греха.

Как бы мы ни старались представить, на что похожи Небеса, мы все равно будем поражены и удивлены, когда увидим их красоту. Насколько чудесными Бог, Всемогущий Творец Вселенной, сотворил Небеса, где Его дети должны будут жить вечно! Если вы тщательно исследуете Библию, то узнаете, что Небеса разделены на многие обители.

В Евангелии от Иоанна, 14:2, Иисус говорит: *«В доме Отца Моего обителей много; а если бы не так, Я сказал бы вам:" Я иду приготовить место вам "»*. В Книге Неемии также упоминается о нескольких небесах: *«Ты, Господи, един, Ты создал небо, небеса небес и все воинство их, землю и все, что на ней, моря и все, что в них, и Ты живишь все сие, и небесные воинства Тебе поклоняются»* (9:6).

В прежние времена люди думали, что существовало только одно небо, но благодаря развитию науки, в настоящее время мы знаем, что имеются и другие многочисленные пространства, помимо того, которое мы видим невооруженным глазом. К нашему удивлению, Бог уже сказал об этом в Библии.

Например, царь Соломон признавал, что существует много небес: *«Поистине, Богу ли жить на земле? Небо и небо небес не вмещают Тебя, тем менее сей храм, который я построил»* (3-я кн. Царств, 8:27).

Во Втором послании к Коринфянам, 12:2–4, апостол Павел написал, что он был поднят в Рай, на Третье Небо. В Откровении Иоанна Богослова, в главе 21-й, описывается Новый Иерусалим, где находится Божий Престол.

Вам следует знать, что Небеса – это не одно место пребывания, они состоят из многих обителей. Я подразделяю Небеса на несколько уровней – по мере веры – и называю их Рай, Первое Царство, Второе Царство, Третье Царство и Новый Иерусалим. Рай предназначен для людей с наименьшей верой; Первое Царство — для тех, у кого вера сильнее, чем у находящихся в Раю; Второе Царство предназначено для людей с еще более высоким уровнем веры, чем у тех, кто попал в Первое Царство; Третье Царство — для тех, кто проявил более сильную веру, чем находящиеся во Втором Царстве. В Третьем Царстве находится Новый Иерусалим, Святой Город, где расположен Божий Престол.

Царство Небесное обретается верой

В Корее есть острова, сельские и горные районы, маленькие и большие города и столица страны Сеул, в которой находится официальная резиденция президента.

Так же, как страна разделена на многие округа – для удобства в административном и юридическом отношении, так и Царство Небесное состоит из нескольких уровней.

Другими словами, место вашего обитания будет зависеть от того, в какой мере ваша жизнь была по сердцу Богу. Господу угодно, когда вы живете с надеждой на Небеса, потому что это является доказательством того, что у вас есть вера, которая поможет вам выиграть сражение против врага – дьявола и сатаны, и, став освященным, как можно скорее отречься от дел и желаний плоти.

Принимая Иисуса Христа, вы начинаете понимать, что от дел греховной природы легче избавиться, чем отвергнуть желания греховной природы и порочные качества, укоренившиеся в вас.

Именно поэтому те, кто имеют истинную веру, стараются непрерывно молиться и поститься для того, чтобы стать святыми Божьими детьми, достигнув полного отрешения от желаний плоти.

Небесами овладевают только верой, и каждая обитель определяется согласно поступкам людей, потому что Небеса — это место, где Бог всем управляет по справедливости и с любовью. Другими словами, место пребывания для людей на первом уровне веры отличается от обители на втором или третьем уровне веры и т.д. Чем выше уровень вашей веры, тем более красивым и великолепным будет место вашего пребывания на Небесах.

Вы должны стремиться к Небесам

Вы должны бороться, чтобы войти в лучшую обитель на Небесах. Если вы стремитесь к Небу, то против кого вы должны бороться? Чтобы сохранить свою веру и двигаться к небесным вратам, необходимо вести постоянную битву против дьявола.

Враг- дьявол и сатана прилагает все усилия, чтобы направить людей против Бога, чтобы они не попали на Небеса, начали сомневаться и потеряли свою веру и в конце концов, продолжая совершать греховные поступки, шли к смерти. Именно поэтому вам нужно победить дьявола. Вы войдете в лучшую обитель только тогда, когда уподобитесь Господу, борясь с грехами до пролития своей крови.

Представьте боксера, мужественно переносящего все трудности, чтобы стать чемпионом мира. Боксер знает, что с помощью изнурительных тренировок он может стать чемпионом мира и наслаждаться славой, богатством и процветанием. Однако ему следует пройти нелегкий путь и победить самого себя, прежде чем он выиграет титул чемпиона.

То же самое относится к стремлению обрести Небеса. Вам нужно бороться, чтобы стать освященными, отвергать зло и выполнять данные Богом обязанности. Вы должны, усердно молясь, выиграть духовное сражение для обладания Небом, даже если враг – дьявол и сатана – неустанно препятствует вам в стремлении к Небесному Царству.

Однако вам необходимо знать следующее: борьба с дьяволом, на самом деле, не является слишком трудной.

Любой, у кого есть вера, способен выиграть сражение против врага – дьявола и сатаны, потому что Бог помогает верующим и направляет их с помощью небесного воинства и ангелов, а также Святого Духа.

Мы должны стремиться к Небесам, прилагать усилия и своей верой обрести победу. После того как боксер выиграет звание чемпиона, ему нужно сохранить этот титул. Тем не менее, борьба за то, чтобы войти на Небеса, радостна и приятна, потому что чем большую вы одерживаете победу, тем легче становится бремя греха. Всякий раз, выигрывая сражение, вы радуетесь этому. День за днем борьба становится легче, потому что у вас все хорошо. Вы наслаждаетесь хорошим здоровьем настолько, насколько преуспевает ваша душа.

Кроме того, даже если спортсмен становится чемпионом мира и имеет славу, богатство и успех, ничего из этого он, умирая, не возьмет с собой. Однако слава и благословения, которые вы получаете после сражения за путь к Небесам, остаются с вами навсегда.

Для чего же стараться изо всех сил и бороться? Вы должны быть мудрым человеком, который достигнет наилучших Небес, усердно к этому стремясь и преследуя вечные, а не земные ценности.

Если вы хотите достичь Небес верой

Когда Иисус объясняет людям, что такое Небеса, Он говорит притчами, в которых земные события показаны так, чтобы люди лучше могли их понять. Одна из них — притча о горчичном зерне:

> *«Царство Небесное подобно зерну горчичному,*
> *которое человек взял и посеял на поле своем,*
> *которое, хотя меньше всех семян, но, когда*
> *вырастет, бывает больше всех злаков и становится*
> *деревом, так что прилетают птицы небесные и*
> *укрываются в ветвях его»* (От Матфея, 13:31-32).

Когда вы нажимаете на лист бумаги карандашом, на этом месте остается маленькая точка. Ее размер почти равен горчичному зерну. Даже такое маленькое семя может стать большим деревом, на котором будут сидеть и укрываться птицы небесные. Иисус использует эту притчу, чтобы показать процесс роста веры: пусть у вас сейчас маленькая вера, вы можете взрастить большую.

В Евангелии от Матфея, 17:20, Иисус говорит нам: *«… Ибо истинно говорю вам: если вы будете иметь веру с горчичное зерно и скажете горе сей: "перейди отсюда туда", и она перейдет; и ничего не будет невозможного для вас».* В ответ на требование учеников: «Умножь в нас веру» Иисус отвечает в Евангелии от Луки, 17:6: *«… Если бы вы имели веру с зерно горчичное и сказали смоковнице сей: исторгнись и пересадись в море, то она послушалась бы вас».*

Вы можете задаться вопросом: как же переместить дерево или гору, повелевая с верой размером с горчичное зерно? Но нам сказано, что ни одна, даже самая маленькая буква из Слова Божьего «не прейдет, пока не исполнится все».

Какой духовный смысл этих стихов? Когда вы принимаете Иисуса Христа и обретете Святой Дух, вам даруется вера, величина которой всего с горчичное зерно. Эта небольшая вера даст росток и вырастет, когда вы посадите ее на поле своего сердца. Когда она превратится в крепкую веру, вы сможете переместить гору, просто повелевая ей. Вы увидите чудные дела Божьи: слепой прозреет, глухой начнет слышать, к немому вернется речь, а мертвый воскреснет.

Неправильно думать, что из-за того, что у вас нет веры, вы не можете проявить Божью силу, решить проблемы вашей семьи или бизнеса. Вы идете по пути вечной жизни, посещая церковь, вознося хвалу и молитвы, потому что у вас есть вера всего с горчичное зерно. Вы просто не ощутили проявления чудесных Божьих дел, так как мера вашей веры является все еще недостаточной.

Ваша вера, размер которой всего с горчичное зерно, должна расти, чтобы стать достаточно большой, чтобы перемещать горы. Ваша вера растет подобно посаженному виноградному семени, которое превращается в лозу, и в свое время даст плод.

Вы должны обладать духовной верой

То же самое происходит, когда вы стремитесь к Небесному Царству. Вы не можете войти в Новый Иерусалим с такими словами: «Да, я верю». Вам нужно, начиная с Рая, шаг за шагом проявлять усилие, пока вы не достигнете Нового Иерусалима. Чтобы добраться до

Нового Иерусалима, вы должны ясно представлять, как туда попасть. Если вам не известен путь, вы не сможете дойти до цели или все ваши действия окажутся бессмысленными.

Израильтяне, выйдя из Египта, роптали на Моисея и стонали, так как они увидели перед собой Красное море. Тогда Моисей, имея веру, которая могла даже переместить гору, сделал так, что воды Красного моря расступились. Однако вера народа Израиля оставалась мертвой, хотя они и увидели чудо.

Вместо этого люди сделали золотого тельца и поклонялись ему, в то время как Моисей постился и молился на горе Синай, чтобы получить Десять заповедей (Исход, 32). Бог опечалился и сказал Моисею: «...Да воспламенится гнев Мой на них, и истреблю их, и произведу многочисленный народ от тебя» (ст. 10). У народа Израиля все еще не было духовной веры, чтобы повиноваться Богу, хотя они видели много чудес и знамений, явленных через Моисея.

В итоге первое поколение израильтян времен Исхода не смогло войти в Ханаан, кроме Иисуса Навина и Халева. Каким же оказалось второе поколение Исхода, при Иисусе Навине и Халеве? Как только священники, несущие Божий Ковчег, под руководством Иисуса Навина вступили в реку Иордан, течение воды остановилось, и весь народ Израиля смог перейти реку.

Как и повелел им Бог, в течение семи дней они ходили вокруг города Иерихона и,после того как они издали громкий крик, крепкие стены города разрушились. Люди стали свидетелями замечательного действия Божьей силы, потому что послушались своего лидера Иисуса Навина, вера которого была способна переместить гору. К этому времени народ Израиля достиг духовной веры.

Как Иисус Навин смог получить такую глубокую веру? Он унаследовал опыт и веру Моисея, вместе с которым провел сорок лет в пустыне. Так же, как к Елисею перешла удвоенная сила духа Илии, поскольку он до конца следовал за ним, Иисус Навин в качестве преемника Моисея, который был признан Богом, стал человеком большой веры, служа, повинуясь Моисею и идя за ним. В результате, по его вере явилось удивительное знамение: остановились солнце и луна (Кн. Иисуса Навина, 10:12-13).

То же самое произошло с народом Израиля, который следовал за Иисусом Навином. Люди первого поколения Исхода, кому было 20 лет и больше, страдали в течение четырех десятилетий и умерли в пустыне. Однако их потомки, следовавшие за Иисусом Навином, смогли войти в Ханаан, потому что благодаря различным трудностям и испытаниям обрели духовную веру.

Вы должны ясно понимать, что такое духовная вера. Некоторые говорят, что когда-то, в прошлом, имели горячую веру и служили в церкви. Они признаются, что сейчас потеряли верность, потому что их вера по каким-то причинам исчезла. Это странное заявление, так как духовная вера никогда не изменяется. Прошлая вера не сохранилась, потому что она была не духовной, а верой-знанием. Если бы у них была духовная вера, она бы не угасла.

Вот носовой платок, и вы видите, что он белого цвета.

Если я покажу вам этот же белый платок через десять лет и спрошу вас, какого он цвета, разве у вас будет основание сомневаться? Хоть и прошло столько времени цвет платка не изменился. Рассмотрим другую ситуацию. Если вы совершите паломничество в Святую Землю, то обязательно обратите внимание, что там продают горчичные зерна, вложенные в конверт. Один человек купил и посеял эти зерна, но они не проросли.

Жизненные силы в семенах умерли, потому что их долго не сажали. Если вы приняли Иисуса Христа и обрели Святого Духа и имеете веру величиной с горчичное зерно, Святой Дух в вас может угаснуть, если в течение долгого времени вы не сеете веру в вашем сердце. Именно поэтому в Первом послании к Фессалоникийцам, 5:19, нас предупреждают: *«Духа не угашайте».* Когда в своем сердце вы сажаете веру, которая еще с горчичное зерно, вы можете постепенно взрастить ее и впоследствии проявить вашу веру в действии. Однако, если в течение долгого времени вы не живете в соответствии с Божьим Словом, после того как приняли Святого Духа, Его пламя может угаснуть.

Стремиться к Небесам с духовной верой

Если вы приняли Иисуса Христа и обрели Святой Дух, вам нужно жить Божьим Словом. Повинуясь Божьему Слову, вы должны отвергнуть грехи, молиться, прославлять Бога, общаться с братьями и сестрами в Господе, распространять Евангелие и любить друг друга.

Вы увидите, как возрастает ваша вера. Например, ваша

вера растет во время общения с братьями в вере, потому что вы воздаете славу Богу, обмениваетесь свидетельствами и беседуете друг с другом в истине. Вы сможете увидеть, что вера влияет на тех, с кем вы общаетесь. Если у родителей крепкая вера, их дети, скорее всего, будут обладать той же верой. Если ваш друг имеет крепкую веру, ваша вера тоже будет возрастать, потому что она уподобится вере вашего друга.

Поскольку враг – дьявол и сатана – старается похитить веру, вам необходимо не только вооружаться Божьим Словом, но также постоянно молиться, чтобы выиграть духовное сражение, с Божьей силой и властью проявляя благодарность и постоянно пребывая в радости, независимо от обстоятельств. Ваша вера величиной всего с горчичное зерно будет расти, чтобы стать большим деревом, полным листьев, чтобы цвести и приносить обильные плоды. Вы будете прославлять Бога, принося все девять плодов Святого Духа, плод духовной любви и Света.

Вы знаете, сколько усилий и терпения необходимо потратить земледельцу от момента посадки семян до сбора урожая. Таким же самым образом, мы не можем овладеть Небесами, просто посещая церковь. Нам изо всех сил необходимо стремиться и духовно бороться, чтобы обладать Небесами.

Наверное, во время евангелизации, встречаясь с разными людьми, вы сталкивались с таким мнением: человек сначала хочет скопить денег, пожить в свое удовольствие, а ближе к старости начать ходить в церковь. Как глупо! Мы не знаем, что произойдет завтра, не знаем, когда явится наш Господь.

Кроме того, нельзя достичь веры за день, она не возрастает быстро. Конечно, вы способны обладать верой как знанием настолько, насколько вам этого хочется. Однако вы в состоянии получить данную Богом духовную веру только тогда, когда осознаете Божье Слово и будете им жить.

Земледелец не сеет семена, где попало. Сначала он берет часть бесплодной земли и начинает ее обрабатывать, чтобы она стала плодородной. Затем на этом поле фермер сеет семена и, заботясь, поливает, удобряет их и так далее. Растения получают возможность прорасти, и тогда земледелец может собрать обильный урожай. Если у вас есть вера величиной всего с горчичное зерно, вы должны сеять и взращивать ее так, чтобы она превратилась в большое дерево, в ветвях которого укрываются птицы.

С одной стороны, птица в притче о сеятеле в Евангелии от Матфея, 13:1–9, означает врага дьявола, который съедает семена Божьего Слова, упавшего при дороге.

С другой стороны, птицы в Евангелии от Матфея, 13:31-32, символизируют людей: *«Царство Небесное подобно зерну горчичному, которое человек взял и посеял на поле своем, которое, хотя меньше всех семян, но, когда вырастет, бывает больше всех злаков и становится деревом, так что прилетают птицы небесные и укрываются в ветвях его».*

Подобно птицам, которые вьют гнезда и укрываются в ветвях большого дерева, многие люди будут духовно отдыхать в вашем присутствии, когда ваша вера возрастет до полной меры, потому что вы будете способны распространить свою веру и с Божьей благодатью укрепить окружающих. Чем более вы освящены, тем сильнее в вас духовная любовь и добродетель. В результате вы сможете помочь очень многим людям.

В Евангелии от Матфея, 5:5, Иисус говорит: *«Блаженны кроткие, ибо они наследуют землю»*. В этом отрывке говорится, что чем более возрастают ваша вера и кротость, тем лучшую небесную обитель вы унаследуете.

Различная небесная слава – по уровню веры

«Иная слава солнца, иная слава луны, иная звезд; и звезда от звезды разнится в славе», – так в Первом послании к Коринфянам, 15:41, апостол Павел говорит о наших воскресших телах. Все люди получат на Небесах различную меру славы, потому что Бог воздает каждому человеку по его поступкам.

«Славой солнца» будут обладать те, кто полностью освящен и верен во всем Божьем доме. «Славу луны» получат те, кто не смог приобрести славы солнца, а «слава звезды» – для тех, кто обладает еще более слабой верой.

Фраза «звезда от звезды разнится в славе» означает, что, как все звезды отличаются по степени яркости, также каждый из нас получит различную награду и небесное звание после воскресения, хотя мы наследуем одни Небеса.

В Библии говорится, что, когда мы взойдем на Небеса после воскресения, у нас будет разная слава. Это помогает понять, что наши небесные обители и награды отличаются друг от друга по тому, каким количеством духовной веры мы обладаем, отвергнув грехи, и насколько мы верны Божьему Царству, пребывая в этом мире.

Однако те, кто, по нечестивости или лени, не желают отвергнуть грехи и быть верными своему долгу, не войдут на Небеса, но будут брошены во тьму (От Матфея, 25). Вы должны с упорством и верой стремиться в прекрасные небесные обители.

Как достичь Небес

Люди посвящают всю свою жизнь тому, чтобы овладеть богатством, которым не смогут пользоваться вечно. Некоторые отказывают себе во всем и копят средства на покупку дома. Другие, лишая себя сна, упорно учатся, чтобы продвинуться по служебной лестнице. Если люди стараются обрести здесь, в этом мире, наилучшую жизнь, которая длится в течение непродолжительного времени, сколько же усилий требуется для достижения вечной жизни на Небесах? Давайте подробно рассмотрим, как нам следует стремиться к Небесам.

Во-первых, необходимо повиноваться Божьему Слову, которое говорит нам, чтобы мы: «...*со страхом и трепетом совершали свое спасение*» (Посл. к Филиппийцам, 2:12). Когда вы не бодрствуете, враг – дьявол и сатана – крадет вашу веру. Поэтому Божье Слово должно быть для вас «*слаще меда и капель сота*» (Псалом 18:11). Вы обретете спасение, когда не просто обращаетесь к Иисусу: «Господи, Господи», а в том случае, если с помощью Святого Духа поступаете в соответствии с Божьей волей.

Во-вторых, Писание говорит нам в Послании к Ефесянам, 6:11-18 *«Облекитесь во всеоружие Божие, чтобы вам можно было стать против козней диавольских; потому что наша брань не против крови и плоти, но против начальств, против властей, против мироправителей тьмы века сего, против духов злобы поднебесных. Для сего приимите всеоружие Божие, дабы вы могли противостать в день злый и, все преодолевши, устоять.»*

Итак станьте, препоясавши чресла ваши истиною и облекшись в броню праведности, и обувши ноги в готовность благовествовать мир; а паче всего возьмите щит веры, которым возможете угасить все раскаленные стрелы лукавого; и шлем спасения возьмите, и меч духовный, который есть Слово Божие; всякою молитвою и прошением молитесь во всякое время духом, и старайтесь о сем самом со всяким постоянством и молением о всех святых». Место вашего пребывания на Небесах определяется тем, насколько хорошо вы используете Божье Слово и побеждаете врага – дьявола и сатану.

В-третьих, вам необходимо всегда обладать духовной любовью. С верой вы способны взойти на Небеса, а с надеждой на Небеса вы можете пребывать в истине. Силой любви вы можете стать освященными и верными во всех своих обязанностях.

Кроме того, когда вас наполнит совершенная любовь, вы можете войти в Новый Иерусалим, самое прекрасное место на Небесах. Чтобы пребывать в Новом Иерусалиме, где находится Бог, Который есть Любовь, вы должны исполниться совершенной любовью.

Апостол Павел в Первом послании к Коринфянам, 13:13, написал: *«А теперь пребывают сии три: вера, надежда, любовь; но любовь из них больше»*, – что значит, вам нужно стремиться к Небесам духовной любовью. Кроме того, вы должны знать, что ваша небесная обитель определяется тем, насколько вы наполнены любовью.

3. Различные обители и венцы

Люди в трехмерном мире не знают о Небесах, которые являются частью четырехмерного мира. Тем не менее, как подвижники веры, вы исполняетесь вдохновением и полнотой радости, даже когда просто произносите слово «Небеса», потому что Небесное Царство — ваш дом, в котором вы будете жить всегда. Если вы подробно изучаете Небеса, преуспевает не только ваша душа, но и вера также возрастет быстрее, потому что вы исполняетесь надеждой на Небесное Царство.

Существует много обителей, которые Бог приготовил Своим детям (Второзаконие, 10:14; 3-я кн. Царств, 8:27; Кн. Неемии, 9:6; Псалом 148:4; От Иоанна, 14:2).

Каждый из вас получит различную обитель по мере вашей веры еще и потому, что Бог справедлив и позволяет вам пожать столько, сколько вы посеяли (Посл. к Галатам, 6:7). Он вознаграждает вас согласно тому, что вы сделали (От Матфея, 16:27; Откровение, 2:23).

Как я уже говорил, Царство Небесное разделено на

несколько мест: Рай, Первое Царство, Второе Царство и Третье Царство, в котором есть Новый Иерусалим. Божий Престол находится в Новом Иерусалиме, так же, как официальная резиденция президента Кореи находится в Сеуле, а президента США — в Вашингтоне.

В Библии также говорится о нескольких видах венцов, которые в качестве награды получат Божьи дети. Обращение людей к Господу и строительство Его святилища достойны самой великой награды. Существует несколько способов обращения людей к Господу. Вы можете участвовать в евангелизации, делать пожертвования или благовествовать практическим служением Божьему Царству своими талантами. Благовестие практическим служением для обращения людей к Господу так же важно для расширения Царства Божьего, как важны все части вашего тела. Тем не менее, непосредственное участие в евангелизации и постройка святилища, в котором собираются верующие для поклонения, заслуживают самой великой награды, потому что так мы можем утолить жажду Иисуса и отплатить за Его Кровь.

Встречаются различные стандарты, согласно которым вы зарабатываете небесные венцы, степень ценности которых отличается от одного венца к другому. По венцу каждого человека вы узнаете меру его освящения, награду и небесную обитель, точно так же, как во времена монархии люди могли определить социальный статус человека по его одежде.

Давайте рассмотрим соотношение меры веры с небесной обителью и вознаграждением в виде венца.

Рай – для людей первого уровня веры

Рай — самое низкое место на Небесах, все же это невообразимо радостное, счастливое, красивое и мирное место по сравнению с этим миром. Там не существует греха! Рай далеко превосходит Эдемский сад, куда Бог поместил Адама и Еву при сотворении.

Рай — прекрасное место, где течет Река жизни, которая начинается от Божьего Престола, направляясь в Третье Царство, Второе Царство и Первое Царство. С обеих сторон Реки растет Дерево жизни, приносящее двенадцать урожаев плода, то есть оно плодоносит каждый месяц (Откровение, 22:2).

Рай существует для тех, кто принял Иисуса Христа, но не имеет дел веры. Значит, в Рай попадают люди первого уровня веры, которые получили только спасение и обрели Святой Дух. Они не получают венцов и наград, потому что у этих людей отсутствуют дела веры.

В Евангелии от Луки, 23:43, говорится о том, что Иисус сказал распятому вместе с Ним разбойнику: *«Истинно говорю тебе, ныне же будешь со Мною в раю»*. Это не означает, что Иисус остался только в Раю: на Небесах Он находится повсюду, потому что Иисус Христос — Хозяин Небес.

В Библии также можно прочитать, что после Своей смерти Иисус спустился в Верхнюю Могилу, а не в Рай. В Послании к Ефесянам, 4:9, звучит вопрос: *«А "восшел" что означает, как не то, что Он и нисходил прежде в преисподние места земли?»*. Также в Первом послании

Петра, 3:19, мы находим: «...*Которым Он и находящимся в темнице духам, сошед, проповедал*».

Другими словами, Иисус сошел в Верхнюю Могилу и там проповедовал Евангелие, а через три дня воскрес. Слова Иисуса: «...Ныне же будешь со Мною в раю» означают, что Он предвидел и спасение разбойника по его вере, и то, что этот человек попадет в Рай. Разбойник обрел спасение и попал в Рай, потому что перед своей смертью принял Иисуса, но не боролся со своими грехами и ничего не сделал для Божьего Царства.

Первое Небесное Царство

Что же собой представляет Первое Небесное Царство? Так же, как существует большая разница между Раем и жизнью в этом мире, Первое Небесное Царство — несравнимо более счастливое и радостное место по сравнению с Раем.

Если счастье человека, попавшего в Первое Царство, можно сопоставить с радостью золотой рыбки, живущей в аквариуме, то блаженство того, кто попал во Второе Царство, сравнимо со счастьем кита, обитающего в обширных просторах Тихого океана. Подобно тому, как золотая рыбка прекрасно себя чувствует, находясь в аквариуме, человек, который пребывает в Первом Царстве, ощущает удовлетворение и подлинное счастье.

Теперь вам известно о различиях в мере счастья между небесными обителями. Вы можете вообразить, какой великолепной жизнью будут наслаждаться те, кто окажется в

Новом Иерусалиме, где находится Божий Престол? Это станет восхитительным, красивым и захватывающим дух зрелищем, превосходящим человеческое воображение. Именно поэтому вам следует взрастить веру, которая стремится в Новый Иерусалим, не удовлетворяясь достижением Рая или Первого Царства.

Если вы становитесь Божьим чадом, принимая Иисуса Христа как своего Спасителя, с помощью Святого Духа скоро можно достичь второго уровня веры, на котором вы стараетесь жить в соответствии с Божьим Словом. На этом этапе человек прилагает усилия, чтобы сохранять Его Слово настолько, насколько он его постигает, хотя жизнь такого человека еще не совершенна.

То же самое происходит с ребенком, еще не достигшим года, который старается стоять, несмотря на постоянные падения. После многих попыток он наконец в состоянии встать, неуверенно передвигаться и вскоре даже пытаться бегать. Насколько матери приятно и радостно видеть, что ее ребенок растет и развивается! Похожее происходит и с этапами веры.

Так же, как ребенок пробует стоять, идти и бежать, потому что он живой, вера, у которой есть жизнь, продвигается вперед, чтобы достигнуть второго уровня, и затем — третьего. Бог предлагает Первое Царство тем, кто достигает веры второго уровня, потому что Он тоже любит их.

Нетленный венец

В Первом Небесном Царстве вы получите венец. На Небесах существует несколько видов венцов подобно разделению самого неба на многие обители: нетленный венец, венец славы, венец жизни, золотой венец и венец праведности.

Тому, кто вступает в Первое Царство, будет дан нетленный венец. Об этом написано во Втором послании к Тимофею, 2:5-6: *«Если же кто и подвизается, не увенчивается, если незаконно будет подвизаться. Трудящемуся земледельцу первому должно вкусить от плодов».* Так же, как в этом мире мы получаем награду за свою работу, нас вознаградят, когда мы выберем узкий путь к Небесам.

Спортсмену вручают золотую медаль или лавровый венок, если он участвовал в соревнованиях и победил, состязаясь по правилам. Таким же образом вы сможете получить венец в случае, если соревнуетесь по Божьему Слову, усердно стремясь к Небесам.

Иисус сказал: *«Не всякий, говорящий Мне: "Господи! Господи!", войдет в Царство Небесное, но исполняющий волю Отца Моего Небесного»* (От Матфея, 7:21). Даже если вы утверждаете, что верите в Бога, но не исполняете духовный закон, Божий Закон, вам нельзя вручить какой-либо венец, потому что ваша вера — простое знание, а вы подобны спортсмену, который борется за победу не по правилам.

Однако даже если ваша вера слаба, вам будет дан

нетленный венец, если вы стараетесь соревноваться по Божьим правилам. Вы получите нетленный венец, потому что по правилам вас можно считать участником соревнований. Состязание человека в вере — духовная борьба против врага дьявола и греха.

Истинная награда тому, кто выиграет, преодолевая уловки дьявола, — нетленный венец. Предположим, что вы посещаете только утреннее богослужение в воскресенье, а днем встречаетесь со своими друзьями. В таком случае вам не получить даже нетленного венца, потому что вы уже проиграли битву против врага – дьявола и сатаны.

В Первом послании к Коринфянам, 9:25, говорится: *«Все подвижники воздерживаются от всего: те для получения венца тленного, а мы — нетленного».* Точно так же, как человек, участвуя в спортивной игре, переносит изнурительные тренировки и соревнуется по установленным правилам, мы должны пройти тяжелое обучение и жить по Божьей воле, чтобы достичь Небес. Зная, что Бог готовит нетленный венец даже тем, кто старается жить в этом мире по Его Закону, и помнит их усилия, мы благодарим Господа за Его безграничную любовь!

В отличие от Рая, тем, кто достигает Первого Царства, приготовлена награда. Люди, которые попадают в это место, получат надлежащие вознаграждение и славу, потому что во имя Господа прилагают усилия ради Божьего Царства.

Второе Небесное Царство

Второе Небесное Царство — уровень, который выше Первого Царства. Люди третьего уровня веры, живущие в соответствии с Божьим Словом, могут войти во Второе Царство. Вокруг столицы Кореи, Сеула, построены города-спутники, а за ними располагаются пригороды.

Таким же самым образом на Небесах Новый Иерусалим расположен в середине Третьего Царства, а вокруг него — Второе Царство, Первое Царство и Рай. Конечно, это не значит, что каждая небесная обитель располагается по примеру строительства городов в этом мире. С помощью ограниченного человеческого знания мы не в состоянии правильно понять чудесное и таинственное расположение Небес. Если постараться максимально возможным образом представить это, мы все равно не сможем ясно осознать, что такое Небеса, даже если рисуем их в воображении. Вы способны понять Небеса настолько, насколько вырастает ваша вера, потому что их нельзя объяснить, используя понятия этого мира.

Царь Соломон, который наслаждался несметным богатством и властью, скорбел, достигнув старости: *«Суета сует, сказал Екклесиаст, суета сует, — все суета! Что пользы человеку от всех трудов его, которыми трудится он под солнцем?»* (Кн. Екклесиаста,1:2-3).

В Послании Иакова, 4:14, нам также напоминают: *«Вы, которые не знаете, что (случится) завтра: ибо что такое жизнь ваша? пар, являющийся на малое время, а потом исчезающий».* Богатство и процветание в этом мире длятся совсем недолго и быстро исчезают. По сравнению с вечной жизнью, жизнь, которой мы живем сегодня, похожа на туман, который появляется на некоторое время, а затем исчезает. Все же венец, который дает Бог, вечен, и именно такая драгоценная награда окажется вечным источником гордости человека.

Насколько бессмысленной будет жизнь того, кто не сможет воздать славу Богу, хотя исповедует свою веру в Него! Однако, если на третьем уровне веры человек все делает искренне, он не раз услышит признание своих ближних: «Глядя на тебя, я понимаю, что и сам должен начать ходить в церковь!». Так он воздает славу Богу, и Всевышний вознаграждает его венцом славы.

Венец славы

В Первом послании Петра, 5:2–4, мы находим Божье поручение: *«Пасите Божие стадо, какое у вас, надзирая [за ним] не принужденно, но охотно и богоугодно, не для гнусной корысти, но из усердия, и не господствуя над наследием [Божиим], но подавая пример стаду; и когда явится Пастыреначальник, вы получите неувядающий венец славы».*

Если вы выходите на третий уровень веры, то являете любовь Христа, потому что ваша речь и поведение изменяются в такой степени, что вы становитесь светом и солью мира, поскольку отвергаете свои грехи, сопротивляясь им, вплоть до пролития крови. Если человек, который прежде легко раздражался и плохо отзывался о других, приобретает кроткий характер и хорошо отзывается о других людях, его ближние скажут: «Он так изменился с тех пор, как стал христианином». А это означает, что в жизни такого человека прославится Бог.

Венец славы будет предоставлен тем, кто становится хорошим примером для людей, потому что, старательно отвергая свои грехи и верно исполняя данные Богом обязанности, они прославляют Всевышнего. Сделанное нами во имя Господа, исполнение своего долга, избавление от грехов собирается на Небесах как награда. Слава этого мира временна, но вся слава, которую вы отдаете Богу, никогда не исчезнет и вернется к вам в качестве нетленного венца славы.

Порой, глядя на кого-нибудь, вы спрашиваете себя: почему он, служа Богу, стараясь во всем уподобляться Господу, все еще носит в себе зло? Это означает, что он еще не полностью победил свой грех, но воздает славу Богу, стараясь как можно лучше исполнять свои обязанности. Именно поэтому такой человек получит венец славы, которая вечна.

Почему эта награда называется неувядающим венцом славы? Большинство людей, по крайней мере однажды, получает награду. Чем выше вознаграждение, тем более счастливыми и гордыми вы становитесь.

Однако, оглядываясь через некоторое время назад, вы чувствуете, что слава этого мира ничего не стоит. Свидетельство о заслугах становится только надписью на старой бумаге, пыльным трофеем и воспоминанием, которое, будучи прежде очень важным, превратилось в нечто несущественное. Но слава, ожидающая вас на Небесах, никогда не изменится. Именно поэтому Иисус говорит нам: «...*собирайте себе сокровища на небе, где ни моль, ни ржа не истребляет и где воры не подкапывают и не крадут*» (От Матфея, 6:20).

В отличие от наград этого мира, величие и яркость неувядающего венца славы останется в вечности. Зная, что даже венец на Небесах является нетленным, вы можете представить, насколько совершенным будет это место.

Как же себя почувствуют люди на более низком небесном уровне — в Раю или Первом Царстве, когда их посетит тот, кто обладает венцом славы? На Небесах люди, находящиеся в более низких обителях, от всего сердца восхищаются и обожают человека более высокого положения, склоняясь перед ним, как перед царем, не поднимая глаз.

Однако у людей нет ненависти, ревности или зависти к нему, потому что на Небесах отсутствует зло. Люди с уважением и любовью смотрят на такого человека. На Небесах у вас вообще не возникнет неловкости или гордости, независимо от того, кланяетесь ли вы кому-то с уважением или принимаете почести от других, потому что живете в более высокой обители. Люди просто выказывают свое почтение или встречают с любовью какого-либо человека, приветствуя друг друга как драгоценных созданий.

Третье Небесное Царство

Третье Небесное Царство предназначено для тех, кто

живет Божьим Словом и обладает верой мученика, не дорожит своей жизнью, потому что превыше всего любит Бога. Люди четвертого уровня веры готовы умереть ради Господа.

В последние дни правления династии Чосон в Корее многие христиане подвергались преследованиям и казням. В тот период истории христиане испытывали серьезные гонения. Правительство даже обещало награду за информацию о местонахождении христиан. Однако миссионеры из Соединенных Штатов и Европы не боялись смерти, а еще более усердно благовествовали. Многие за это отдали свои жизни.

Если вы собираетесь быть миссионером в другой стране, вам нужно обрести веру мученика. С такой верой, несмотря на лишения, человек сможет с радостью и благодарением исполнять свой долг, потому что знает об обильном небесном вознаграждении за страдания и боль.

Некоторые думают, что, живя в стране, где есть свобода религии, невозможно проявить веру мученика и умереть для Божьего Царства. В настоящее время вам не нужно умирать мученической смертью для распространения Евангелия, как происходило в дни ранней церкви. Поэтому, если у вас есть возможность сделать для Господа больше работы с жертвенной верой, Бог будет более рад этому, нежели вашей мученической смерти. Кроме того, Бог, который исследует ваше сердце, знает, какую веру ради Евангелия вы проявите в опасных для жизни ситуациях; Ему известны глубины и суть вашего сердца.

Для вас более ценным может оказаться жить мучеником,

как гласит старинная корейская поговорка: «Труднее жить, чем умереть». В нашей повседневной жизни мы можем столкнуться с разными ситуациями, которые требуют от нас веры мучеников. Например, невозможно без сильной решимости и веры поститься и пребывать день и ночь в молитве. Ведь человек это делает для того, чтобы получить Божий ответ, даже рискуя потерять свою жизнь.

Какие же люди могут войти в Третье Небесное Царство? На это способны только полностью освященные. В дни ранней церкви было много людей, готовых умереть ради Иисуса Христа и, возможно, подходящих для Третьего Царства. Так как зло распространилось на земле, сегодня только очень небольшое количество глубоко верующих, отвергнув свои грехи перед лицом Божьим, могут войти в Третье Царство.

Люди с верой отцов могут войти в Третье Царство, потому что они отвергают все грехи, преодолевая трудности и испытания, становясь полностью освященными и проявляя верность, вплоть до смерти. Поэтому Бог считает их очень ценными, позволяет ангелам и небесному воинству охранять таких людей и окутывает их облаком славы.

Венец жизни

Какой венец получают люди в Третьем Царстве? Им будет дарован венец жизни, как обещает Иисус Христос в Откровении Иоанна Богослова, 2:10: *«Будь верен до смерти, и дам тебе венец жизни».*

Слова «будь верен» не подразумевают просто верность

исполнению своих обязанностей в церкви. Очень важно отвергнуть всякое зло, борясь против своих грехов, вплоть до пролития крови, и не идя на компромисс с миром. Когда у вас будет чистое и святое сердце, благодаря сопротивлению грехам, вплоть до пролития крови, вы обретете венец жизни.

Также венец жизни даруют тогда, когда вы отдаете свою жизнь за ближних и друзей и, пройдя испытания, упорно противостоите невзгодам (От Иоанна, 15:13; Посл. Иакова, 1:12). Например, встречаясь с трудностями, многие люди проявляют недовольство, не благодарят Бога, сердятся, теряют терпение или жалуются Всевышнему. Напротив, если человек с радостью преодолевает испытания, его можно считать полностью освященным. Тот, кто очень любит Господа, может быть верен, вплоть до смерти. Такой человек радостно встретит все лишения.

Кроме того, существуют большие различия в качестве жизни людей – это зависит от того, относятся ли они к первому, второму, третьему или четвертому уровню веры. Зло не может причинить вреда человеку на четвертом уровне веры. Даже если какая-то болезнь и приближается к нему, он немедленно об этом узнает. Такой человек возлагает руку на больную часть своего тела, и заболевание скоро уходит. Кроме того, если люди находятся на пятом уровне веры, никакая болезнь не может завладеть ими, потому что их всегда окружает свет славы.

Главная Божья цель совершенствования людей на земле состоит в том, чтобы воспитать и обрести истинных детей, которые могут войти в Третье Царство или выше.

Все небесные обители прекрасны, и в них замечательно

жить, но Небеса, в самом подлинном смысле, — это Третье Царство и выше, где пребывают только святые и совершенные Божьи дети. Эта область специально приготовлена для истинных Божьих детей, которые живут по воле Господа. Там они увидят Бога лицом к лицу.

Кроме того, благодаря желанию Бога Любви, чтобы каждый человек попал в Третье Небесное Царство или выше, Он помогает вашему освящению с помощью Святого Духа, который дает вам Свою благодать и силу, когда вы усердно молитесь и слышите Слово жизни.

В Книге притчей Соломоновых, 17:3, говорится: *«Плавильня — для серебра, и горнило — для золота, а сердца испытывает Господь».* Бог очищает каждого из нас, чтобы сделать Своим истинным чадом. Я надеюсь, что вы вскоре станете освященными, отвергая свои грехи, борясь против них, вплоть до пролития своей крови, и обретете совершенную веру, какую желает увидеть Господь.

Новый Иерусалим

Чем больше вы знаете о Небесах, тем более непостижимыми они вам кажутся. Новый Иерусалим — самое прекрасное место на Небесах, где находится Божий Престол. Некоторые могут неправильно истолковать и подумать, что все спасенные души будут жить в Новом Иерусалиме или что все Небеса являются Новым Иерусалимом.

Однако это не так. В Откровении Иоанна Богослова, 21:16-17, приводятся размеры Нового Иерусалима: ширина, длина и высота — каждый параметр равен примерно 2 200 километров. Его периметр — приблизительно 9 000 километров. Это пространство немного меньше, чем «Запретный город» в Китае.

Небеса могли бы переполниться всеми спасенными душами, если бы там был только Новый Иерусалим. Однако Небесное Царство очень просторно, а Новый Иерусалим — только часть его.

Кто же способен войти в Новый Иерусалим?

«Блаженны те, кто омоют свои одежды. У них будет право вкусить от древа жизни, пройти через ворота и войти в город» (Откровение, 22:14. Библия. Современный перевод библейских текстов. Москва, 1997г.). (Этот вариант перевода соответствует тексту Библии на корейском языке, который в оригинале употребляет автор книги. — Примеч. пер.).

Слово «одежды» обозначает ваше сердце и дела. «Омыть одежды» — хорошим поведением и очищением своего сердца подготовить себя как Невесту Иисуса Христа.

«Право вкусить от древа жизни» указывает на то, что вы будете спасены верой и попадете на Небеса. «Войти в город воротами» означает, что вам придется проходить мимо жемчужных ворот Нового Иерусалима, преодолевая ворота каждого Небесного Царства, по мере роста вашей веры. То есть степень вашего освящения позволяет подойти ближе к Святому Городу, где находится Божий Престол.

Следовательно, вы способны войти в Новый Иерусалим, только если находитесь на пятом уровне веры, на котором угождаете Богу, становясь полностью освященным и верным всем своим обязанностям. Угодная Господу вера настолько трогает Божье сердце, что Он даже может задать вам такой вопрос: «Что мне для тебя сделать?» — прежде, чем вы что-нибудь попросите у Него. Это совершенная духовная вера, вера Иисуса Христа, Который вел Себя по сердцу Бога.

Иисус был по природе своей Богом, но Он не держался за свое равенство с Всевышним. Иисус унизился до положения слуги. Он смирил себя и стал послушным, вплоть до смерти (Посл. к Филиппийцам, 2:6–8).

Бог возвеличил и поднял Его на самое высокое место, даровав Ему имя, которое превыше любого имени (2:9), право восседать одесную Престола Божьего, и власть стать Царем царей и Господом господствующих. Для входа в Новый Иерусалим вам следует, подобно Иисусу, быть послушным, вплоть до смерти, если в этом заключается Божья воля. Некоторые из вас могут спросить себя: «Мне кажется, что проявить повиновение, вплоть до смерти, превосходит мои возможности. Действительно ли я в состоянии достичь пятого уровня веры?».

В самом деле, подобные признания возникают по причине слабой веры. После того как вы узнаете о Новом Иерусалиме, ни один из вас больше не произнесет подобных слов, поскольку будет уверен, что его ждет вечная жизнь в таком прекрасном месте. Я кратко опишу особенности и славу Нового Иерусалима, поэтому используйте свое воображение и насладитесь счастьем и очаровательным зрелищем Святого Города.

Красота Нового Иерусалима

Подобно невесте, которая готовится к встрече со своим женихом и хочет быть самой красивой и изящной, Бог наилучшим образом готовит и украшает Новый Иерусалим. В Библии об этом говорится в Откровение Иоанна Богослова, 21:10-11:

«И вознес меня в духе на великую и высокую гору и показал мне великий город, святый Иерусалим, который нисходил с неба от Бога. Он имеет славу Божию; светило его подобно драгоценнейшему камню, как бы камню яспису кристалловидному».

Кроме этого, стена, в которой двенадцать оснований, сделана из яшмы. Двенадцать ворот города — это двенадцать жемчужин; каждые ворота сделаны из определенного вида жемчуга, а большая улица города — чистое золото, подобное прозрачному стеклу (21:11–21).

Почему Бог подробно описал улицу и стену, выделяя их среди других величественных и красивых зданий города? В этом мире именно золото считается самым ценным металлом, обладать которым стремятся многие люди. Они отдают предпочтение золоту не только как драгоценному металлу, но и потому, что даже с течением времени этот металл не теряет свои свойства.

Однако в Новом Иерусалиме улицы, по которым ходят люди, сделаны из золота, а стены города — из различных драгоценных камней. Вы можете вообразить, насколько красивыми окажутся другие достопримечательности города?

Для освещения городу не потребуются солнце или светильники, потому что его будет освещать Сам Бог, а ночей там не будет. В середине города протекает прозрачная, как хрусталь, Река Воды Жизни, исходящая от Престола Бога и Агнца.

С обеих сторон Реки — золотые и серебряные берега, а также Дерево жизни, которое каждый месяц приносит плоды. Люди прогуливаются вокруг садов, которые Бог украсил различными деревьями и цветами. Всюду город наполнен счастьем и миром, благодаря яркому свету и любви нашего Господа Иисуса Христа, что нельзя описать словами этого мира.

Глядя на эти великолепные места, вы испытаете восхищение: обители, которые сделаны из золота и драгоценностей, прозрачные и чистые золотые улицы с великолепным блеском. Этот мир вне нашего воображения, а его славу и достоинство нельзя сравнить ни с чем.

«И город не имеет нужды ни в солнце, ни в луне для освещения своего; ибо слава Божия осветила его, и светильник его — Агнец» (Откровение, 21:23).

«И показал мне чистую реку воды жизни, светлую, как кристалл, исходящую от престола Бога и Агнца. Среди улицы его, и по ту и по другую сторону реки, древо жизни, двенадцать [раз]

приносящее плоды, дающее на каждый месяц плод свой; и листья дерева — для исцеления народов» (22:1-2).

Для кого же приготовлен этот прекрасный Святой Город? Бог сотворил Новый Иерусалим не для всех спасенных, а для Своих истинных детей, которые святы и совершенны, как и Он. Именно поэтому Бог убеждает нас стать полностью освященными, говоря: *«Удерживайтесь от всякого рода зла»* (1-е посл. к Фессалоникийцам, 5:22); *«..." Будьте святы, потому что Я свят"»* (1-е посл. Петра, 1:16); *«Итак будьте совершенны, как совершен Отец ваш Небесный»* (От Матфея, 5:48).

Однако, несмотря на то, что люди полностью освящены, одни войдут в Новый Иерусалим, а другие останутся в Третьем Небесном Царстве – это зависит от того, насколько они уподобляются Господу. Человек, который входит в Новый Иерусалим, не только освящен, но также угождает Господу, понимая Божье сердце и, вплоть до смерти, повинуется Его воле.

Предположим, что в семье два сына. Однажды отец возвратился с работы и сказал, что хочет пить. Старший сын знал, что нравится его отцу, поэтому принес ему стакан минеральной воды. Кроме того, он сделал отцу массаж и приготовил все для его отдыха. Младший сын, наоборот, принес стакан простой воды, а затем вернулся в свою комнату, чтобы заниматься. Кто из двух детей угодил отцу? Конечно же старший сын. Подобным образом, существует различие между теми, кто входит в Новый Иерусалим, и теми, кто направляется в Третье Небесное Царство. Все зависит от того, насколько они угождали Богу и насколько были Ему верны, поняв сердце Бога.

Иисус считает веру пятого уровня, угодной Господу верой, которая помогает вам глубже понять Божью волю. Бог говорит нам, что очень доволен людьми, которые освящены в вере. Ему радостно пребывать с теми, кто стремится спасать людей с помощью распространения Евангелия. Всевышний говорит, что те, кто верны в деле расширения Его Царства и праведности, прекрасны для Его взора.

Золотой венец или венец праведности

Людям Нового Иерусалима будет дарован золотой венец, или венец праведности. Такие венцы являются наиболее ценными на Небесах, и их надевают только в особых случаях, например, по большим праздникам.

В Откровении Иоанна Богослова, 4:4, говорится: *«И вокруг престола двадцать четыре престола; а на престолах видел я сидевших двадцать четыре старца, которые облечены были в белые одежды и имели на головах своих золотые венцы».* Двадцати четырем старцам позволено сидеть у Божьего Престола. Слово «старцы» относится не к тем, кто занимает положение старшего в церкви, а к людям, чьи действия угодны Богу. Они полностью освящены и построили как видимый, так и невидимый храм в своем сердце.

В Первом послании к Коринфянам, 3:16-17, Бог говорит,

что Его Дух живет в наших сердцах, как в храме. Поэтому Он «уничтожит» любого, кто бесчестит Божье святилище. Построение невидимого храма сердца позволяет стать человеком духа, который отвергает свои грехи, а устройство видимого святилища — это полное исполнение ваших обязанностей в этом мире.

Число «24» в отношении «двадцати четырех старцев» подразумевает людей, которые не только входят через врата спасения благодаря вере, подобно двенадцати коленам Израиля, но также полностью освящены, как двенадцать апостолов Иисуса Христа. Признавая, что по вере вы являетесь Божьим чадом, вы становитесь одним из народа Израиля и, кроме того, у вас появляется возможность войти в Новый Иерусалим, если вы, как двенадцать учеников Иисуса, освящены и отличаетесь верностью Господу. «Двадцать четыре старца» символизируют людей, которые полностью освящены, верны в своих обязанностях и признаны Богом.

Он вознаграждает их золотыми венцами, потому что они обладают верой, которая является столь же драгоценной, как и чистое золото. Кроме того, Бог дает венец праведности людям, которые не только отвергли свои грехи, но также выполняют свои обязанности, отличаясь угодной Господу верой, по примеру апостола Павла. Ему пришлось встретиться со многими трудностями и преследованиями за праведность. Павел приложил все усилия и претерпел в вере все, чтобы достичь Божьего Царства и праведности.

Ел ли он или пил, или что-либо делал, он прославлял Господа всюду, куда ни приходил, и являл силу Всевышнего.

Именно поэтому он мог откровенно признать: «... *А теперь готовится мне венец правды, который даст мне Господь, праведный Судия, в день оный; и не только мне, но и всем возлюбившим явление Его»* (2-е посл. к Тимофею, 4:8).

Мы рассмотрели Небеса и то, как вы можете их достигнуть, различные обители и венцы, которыми вознаграждается каждый человек по мере его веры. Я молюсь, чтобы вы стали мудрыми христианами.

Молюсь, чтобы вы стремились не к временным, а вечным ценностям, и в вере приближались к Небесам, чтобы наслаждаться вечной славой и счастьем в Новом Иерусалиме. Я прошу во имя нашего Господа Иисуса Христа!

Автор
д-р Джей Рок Ли

Д-р Джей Рок Ли родился в городе Муан, в провинции Джэоннам Южной Корейской Республики, в 1943 году. Начиная с двадцати лет, д-р Ли страдал от различных неизлечимых заболеваний и в течение семи лет жил в ожидании смерти, без всякой надежды на исцеление. Но однажды, весной 1974 года, сестра привела его в церковь, где он, упав на колени, молился, и Живой Бог сразу исцелил его от всех болезней.

С той минуты, как д-р Ли чудесным образом встретился с Живым Богом, он искренне возлюбил Его всем сердцем, и в 1978 году он был призван на служение Богу. Он усердно молился и неустанно постился, чтобы ясно понять волю Божью, полностью исполнить ее и повиноваться каждому слову Божьему. В 1982 году он основал Центральную церковь «Манмин» в городе Сеуле (Южная Корея), и с того момента бесчисленные дела Божьи, включая чудесные исцеления и знамения Божьи, были явлены в этой церкви.

В 1986 году д-р Ли был рукоположен в сан пастора на ежегодной Ассамблее Корейской церкви Христа в Сингкуоле, а спустя ещё четыре года, в 1990 году, его проповеди начали транслироваться в Австралии, России, на Филиппинах и во многих других странах, а также по каналам «Дальневосточной вещательной компании», «Азиатской вещательной компании» и «Вашингтонской христианской радиостанции».

Через три года, то есть в 1993 году, журнал «Христианский Мир» (США) внес Центральную церковь «Манмин» в список пятидесяти лучших церквей мира; колледж Христианской веры в штате Флорида (США) присвоил д-ру Ли степень почетного доктора богословия, а в 1996 году Теологическая семинария Кингсвэй (штат Айова, США) присвоила ему степень доктора христианского служения.

С 1993 года д-р Ли, проведя крусейды в Израиле, США, Танзании, Аргентине, Уганде, Японии, Пакистане, Кении, на Филиппинах, в Гондурасе, Индии, России, Германии и Перу, вошел в ряд лидеров мировой миссионерской деятельности.

В 2002 году, за его труд по проведению ряда впечатляющих объединенных крусейдов, ведущие христианские газеты Кореи назвали его «пастором всемирного пробуждения». Особенно отмечена его Нью-Йоркская евангелизационная кампания 2006 года, прошедшая в «Madison Square Garden», которая транслировалась в 220-ти странах мира.

Также особо отмечен Объединенный крусейд в Израиле в 2009 году, прошедший в международном Центре конгрессов Иерусалима, когда Иисус Христос был открыто провозглашен Мессией и Спасителем. Тогда проповеди д-ра Джей Рока Ли через спутниковое вещание транслировались на 176 стран.

В 2009-м и 2010 годах ведущий христианский мега-портал «In Victory», а также новостное агентство *Christian Telegraph* назвали д-ра Ли одним из 10-ти ведущих христианских лидеров мира.

По данным на апрель 2013 года, членами Центральной церкви «Манмин» являются более ста двадцати тысяч человек. Ею основано десять тысяч филиалов и ассоциативных церквей по всему миру, и на данный момент церковь отправила более 129 миссионеров на служение в 23 страны, включая США, Россию, Германию, Канаду, Японию, Китай, Францию, Индию, Кению и многие другие страны.

На момент публикации этой книги д-р Ли издал 87 книги, включая такие бестселлеры, как *«Откровения о вечной жизни в преддверии смерти»*, *«Моя жизнь, моя вера»* (*I* и *II*), *«Слово о Кресте»*, *«Мера веры»*, *«Небеса»* (*I* и *II*), *«Ад»* и *«Сила Божья»*. Его книги были переведены на 75 языка мира.

Его статьи на тему христианской веры публиковались в следующих периодических изданиях: *The Hankook Ilbo, The JoongAng Daily, The Dong-A Ilbo, The Chosun Ilbo, The Munhwa Ilbo, The Seoul Shinmun, The Kyunghyang Shinmun, The Korea Economic Daily, The Korea Herald, The Shisa News* и *The Christian Press.*

В настоящее время д-р Ли возглавляет многие миссионерские организации и ассоциации. Он, в частности, является главой правления Объединенной церкви святости Иисуса Христа, президентом Международной миссионерской организации Манмин, основателем и главой правлений «Глобальной христианской сети» (GCN), «Всемирной сети врачей-христиан» (WCDN) и Международной семинарии Манмин (MIS).

Небеса I и II

Красочное и подробное описание прекрасных обителей, где блаженствуют граждане Небес, и превосходное разъяснение различных уровней Небесных царств.

Слово о Кресте

Действенная пробуждающая проповедь для всех, кто пребывает в духовном сне. Прочтя эту книгу, вы узнаете, почему Иисус является единственным Спасителем и истинной любовью Бога.

Ад

Бог искренен в своем послании человечеству, так как желает, чтобы ни единая душа не оказалась в бездне ада! Вы узнаете о чудовищной жестокости Нижней могилы и ада.

Откровения о вечной жизни в преддверии смерти

Воспоминания-исповедь преподобного д-ра Джей Рока Ли, рассказ о рождении свыше, спасении и жизни человека, ведущего христианскую жизнь, достойную подражания.

Бодрствуйте и Молитесь

Молитва – это ключ, который открывает врата сердца Всемогущего Бога, и орудие победы над врагом дьяволом; это возможность стать победителем в духовном мире, понять Его волю и жить согласно ей.

Пробудись, Израиль!

Почему Бог держит Израиль в поле своего зрения от начала мира и по сей день? Каково провидение последних дней, уготованное Богом для Израиля, ожидающего Мессию?

Моя жизнь, моя вера I и II

Автобиография д-ра Джей Рока Ли - это подарок для читателей, насыщенный благоуханными духовными ароматами, полученными в течение жизни благодаря любви Божьей, которая расцвела в период темной жизненной полосы, тяжелого бремени и глубокого отчаяния.

Сила Божья

Книга, которую необходимо прочитать, дает важные наставления о том, как обрести истинную веру и испытать чудесную силу Божью.